문자 · 사회 · 문화 총서 2

L'esprit de la lettre

LA VIE SECRÈTE DE L'ALPHABET

문자의 에스프리

알파벳의 감춰진 삶

문자의 에스프리 -알파벳의 감춰진 삶-

지은이 토라 반 말르
옮긴이 이효숙 · 임은신
펴낸곳 연세대학교 출판문화원

주소 서울시 서대문구 연세로 50
전화 02) 2123-3380~2
팩스 02) 2123-8673
ysup@yonsei.ac.kr
www.yonsei.ac.kr/press
등록 1955년 10월 13일 제9-60호
인쇄 (주)동국문화

2012년 3월 27일 1판 1쇄
ISBN 978-89-97578-40-5(94000)
ISBN 978-89-7141-962-5(세트)

값 **15,000원**

Thora van Male

L'esprit de la lettre

LA VIE SECRÈTE DE L'ALPHABET

문자의 에스프리

알파벳의 감춰진 삶

토라 반 말르 지음 / 이효숙 · 임은신 옮김

연세대학교 출판문화원

〈문자 · 사회 · 문화〉

총서를 발간하며

문자는 인류 문명의 토대이자 발전의 원동력이고, 문화전통의 담지자이며 동시에 전달자이기도 하다. 인류 역사에서 문자가 차지하는 중요성에도 불구하고 그간 문자에 관한 학문적 연구는 피상적이거나 단편적인 수준에 머무는 경우가 많았다. 오늘날 영상 매체의 우위 속에서 일견 문자의 영향력이 줄어드는 것처럼 보이지만, SMS나 트위터, 페이스북 등에서도 볼 수 있듯 문자는 단지 이전과 다른 형태와 방식으로 여전히 우리의 일상에 뿌리를 내리고 있다. 이러한 변화와 관련해 인문학의 관점에서 문자가 가지는 사회 · 문화적 토대와 역동성에 대한 종합적이고 심층적인 연구가 필요하다는 것이 우리의 판단이다.

연세대학교 인문학연구원은 동서양 문자의 사회문화적 연구를 중점 연구주제로 선정하여 꾸준한 연구를 추진해왔으며, 이러한 성과에 기반하여 2010년 9월에는 한국연구재단의 인문한국(HK) 사업단으로 선정되었다. 이에 본 연구원은 국내 문자연구의 초석을 마련하고, 연구 성과의 공유를 위한 총서를 발간하고자 한다.

〈문자 · 사회 · 문화〉 총서는 대중적인 인문교양서의 성격을 갖추면서 동시에 문자연구의 학문적 토대를 제공하고, 문자를 문화적 · 역사적 · 정치적 · 사회적 측면에서 폭넓고 깊이있게 다루는 전문 교양서를 지향한다. 이 총서는 문자 연구의 기본이 되는 외국의 대표적인 저술을 번역 · 소개하는 번역서와 인문학연구원 문자사업단의 학술활동과 국내외 연구자들의 연구성과를 집대성한 연구서로 이루어진다. 〈문자 · 사회 · 문화〉 총서의 발간은 국내외 연구 기관들과의 학술교류를 활성화하고 연구의 전문성과 지식 기반을 확충하며, 나아가 인문학의 바탕 위에서 문자연구와 관련된 정보와 지식을 일반 대중과 공유하는 데에 크게 기여할 것이다. 모쪼록 이 총서의 발간이 우리 학계에서 문자연구에 대한 관심을 높이고 학문적 발전을 이루는 계기가 될 수 있기를 바란다.

인문학연구원 HK문자 사업단장 유석호

merci

Nicolas-Pierre d'Ablancourt, Edmond About, Theodor Adorno, Gérard Aimé, Jean le Rond d'Alembert, René des Alyscamps, Éric Angelini, Pierre Angot, Anonyme, Patrice Aoust, Appius Claudius, Honoré de Balzac, Charles Barkla, Auguste-Marseille Barthélémy, Roland Barthes, Alexander Graham Bell, Pierre Benoît, Jean-Pierre Arthur Bernard, Bernardin de Saint-Pierre, Louis-Nicolas Bescherelle, Théodore de Bèze, Marcus Aurelius Bierce, Sabine Bledniak, René Blondot, François Boisrobert, Pierre Bonnard, Jean Bouchet, Georges Boulanger, Bertolt Brecht, Charles de Brosse, Buffon, Jean-Paul Burdy, Lewis Carroll, Blaise Cendrars, Alain Chevrier, Chilpéric, Winston Churchill, Cicéron, René Clair, Paul Claudel, Colette, Andrew Comstock, Marie-Hélène Corréard, Douglas Coupland, Court de Gébelin, Sylvie Cussigh, Henrik Dam, l'abbé de Dangeau, Pierre Daninos, Dante Alighieri, Décembre-Alonnier, Émile Dekytypotter, Edward Derrick, le général Désaleux, Robert Desnos, Denis Diderot, Françoise Douay, Nathalie Dran, Alain Duchesne, Edgar Faure, Roger Ferdinand, Richard Firmage, Henri de Forge, Claude Gagnière, Yves Gasc, Josette Gaufillier, Elisabeth Gauthier, Virginie Gautreau, Géraud de Cordemoy, Geta, Jean Giono, Giotto, Jean-Pierre Giroud, Ramon Gomez de la Serna, Ernst Grafenberg, Louis Marius Grandjean, Louis Gresset, Jacob Grimm, Hamconius, Henry Harder, Nathaniel Hawthorne, Haydn, Jean-Luc Hennig, Hucbale de Saint Amand, Victor Hugo, Alexander & Nicholas Humez, Ernst Jünger, Franz Kafka, Alfred Kallir, William Kelvin, Mohamed ben Moussa al-Khowarezmi, Ralph Kirkpatrick, Ludwig von Köchel, Alvin Boyd Kuhn, Maurice La Châtre, Jules Ladimir, Napoléon Landais, Lao-Tseu, Pierre Larousse, Victor de Lavaleye, Guy Leclercq, Thierry Leguay, Daniel Lehman, Michel Leiris, Jean Lescure, Émile Littré, Lucien de Samosate, Stéphane Mallarmé, Marie de France, Christopher Marlowe, Molière, Montesquieu, Thomas Montgomery, Louis Moreri, Mozart, Anaïs Nin, Charles Nodier, le marquis d'O, Margaret Oakley Dayhoff, Charles Olson, George Orwell, Jacques Papy, Catherine Paradis, Henri Parisot, Étienne Gabriel Peignot, Giuseppe Penone, Georges Perec, Christianus Pierieus, Pierre-Antoine Augustin de Piis, Placentius, Max Planck, Edgar Poe, Marcel Proust, Thomas Pynchon, Pythagore, Quintilien, Pauline Réage, Pierre Reboul, Alain Rey, Édouard de Ribaucourt, Claude Richard, Roger Richebé, Pierre César Richelet, Arthur Rimbaud, Douglas Ritchie, Richard Rolle de Hampole, Robert-Houdin, David Sacks, Yves Saint-Laurent, John Sargent, Jean Sauteron, Pascal Sauvèstre, Paul Scarron, William Shakespeare, Henri Theureau, James Thurber, Samuel Ting, Miriam Toews, Ray Tomlinson, Geofroy Tory, Paul Valéry, Léon Vaise, Bernard Vanmalle, Claude Favre de Vaugelas, le duc de la Vauguyon, Vincent Voiture, Voltaire, Austin Warren, René Wellek, Mike Wilks, Ernest Vincent Wright.

알파벳을 사랑하는 나에게 이 책은 글자들이 자신의 비밀스런 삶을 기록해놓은 일종의 일기장이다.

독자는 각 장(章)을 읽을 때마다, 이런저런 중죄를 선고받은 사람들이 몸에 어떤 알파벳 이니셜로 낙인 찍혔었는지 알게 될 것이다.(A, B, D, F, K, M, R, T) 그리고 일부 글자들이 숱한 시인들에게 불러 일으킨 시적 고양(高揚)을 찬미하게 될 것이다. 어떤 글자를 옹호하기 위해 또는 반대하기 위해 이끌어졌던 수많은 투쟁들 속에서 자신의 입장을 정하게 될 수도 있을 것이다. 또한 각 글자에 부여된 기이한 역할에 아연실색하기도 할 것이다. (내중력 우주복을 가리키는 'anti-G', '불꽃놀이 K4', 'N 광선' 등)

이 저서는 알파벳교본으로 기획되었다. 각 글자마다 그 항목이 끝나면 그 알파벳 세계의 개별적인 왕국이 드러나는 한 페이지를 배정했다. 수신호기(手信號旗), 각 행의 첫 글자가 A에서부터 Z까지로 이어지는 시들, 사이클론들을 알파벳으로 부르는 조처 등에 대해 밝혀주는 페이지이다. 총 스물다섯 쪽인 각 삽지는, 알파벳이라는 언어의 후원자가 후하게 제공하는 도표들로 구성되어 있어서, 독자는 이 삽지 페이지에서 한숨 돌리다 갈 수 있을 것이다.

토라 반 말르

Pour l'amoureuse de l'alphabet que je suis, ce livre est une sorte de journal intime où les lettres consignent leur vie scrète.

On apprendra, au grès des chapitres, quelles initiales étaient gravées au fer rouge sur le corps de personnes déclarées coupables de tel ou tel forfait (A, B, D, F, K, M, R et T). On admirera les élans poétiques inspirés par certaines lettres à de nombreux versificateurs. On prendra parti dans les multiples combats menés pour ou contre telle autre. On sera sidéré par les rôles insolites qui sont assignés à chacune d'elles (tenue anti-G, feu d'artifice K4, rayon N...)

L'ouvrage est conçu comme un abécédaire. Après chaque lettre, s'intercale une page où se révèle un royaume particulier du monde de l'alphabet: le sémaphore à bras, les poèmes dont la première lettre de chaque ligne procède de A à Z, le dispositif d'appellation alphabétique des cyclones...

Ces vingt-cinq intercalaires ponctueront votre lecture, constituant ainsi une série de tableaux offerts généreusement par ce mécène de la langue qu'est l'alphabet..

Thora van Male

[a]

A에 대한 기상천외한 주장들

Affirmations abracadabrantes

"감정적 언어, 의태어, 의성어에 이어 분절언어가 처음으로 정착되던 때, 혹은 심지어 분절언어가 만들어진 때까지로 거슬러 올라가는 듯 보이는 거의 보편적인 어떤 규약에 따르면, A는 일관성 있게 표의적 기호인 첫 번째 글자로서, 높이 있는 것을 표현하는 단어들에 사용되었다. 예를 들어 독수리(aigle), 알프스(Alpes), 나무(arbre), 천체(astre), 육상선수(athlète), 아틀라스(Atlas), 제단(autel) 등이 그런 단어들이다. 혀도 없고 치아도 없고 입술도 없는 사람일지라도 A는 발음할 수 있을 거라고 어떤 작가는 주장하기도 했다."

모리스 라 샤트르(Maurice La Châtre)

"A자는 파도(vagues), 폭풍우(orages), 폭포(cascades), 폭우(cataractes), 번개치는 소리(éclats de la foudre), 폭풍우의 굉음(fracas), 나뭇잎이 바람에 날리며 내는 소리(feuillage), 큰 호수의 끝없는 탄식(plainte), 시냇물이 졸졸 흐르는 소리(gazouillement), 새들이 지저귀는 소리(ramage), 날카로운 소리(glapissement), 맹수들이 우는 소리(croassements), 아우성(clameurs), 환호(hourras), 군중의 웅성거림(brouhaha), 갓난

아이의 울음소리(vagissement) 등 온갖 기본적인 소음을 가리키는 단어들에서 들리는 발음이다."

피에르 라루스(Pierre Larousse)

A자는 왜 그토록 많은 흥분과 동요를 담고 있는 것일까? 볼테르가 우리에게 그 이유를 제공한다. "거의 모든 나라에서 A자는 첫 번째 글자이기 때문에 신성화되었다."

아로바즈(@)의 A

A comme arobase

프랑스어로 '아로바즈(arobase)'라고 불리는 기호 즉 @는 자판에서 새로운 것이 아니다. @의 예전 이름을 보면 이 글자가 어떤 기능을 했었는지 알 수 있다. 그것은 바로 '상업에서의 @'를 말하는데, 북아메리카의 청구서들과 다른 회계 서류들에서, 예를 들어 "3 거시기 @ 개당 5달러 = 15달러" 같은 식으로 사용되었다.

그렇다면 그 이전에는? 어떤 사람들은 a를 둘러싸고 있는 그 작은 꼬리가 중세의 필사본들에 있던 이상한 작은 기호와 같은 기능을 한다고 주장한다. 즉, 약축 사용에 대한 일종의 신호라는 것이다. 그럼에도 불구하고 16세기의 어느 상업 자료는 "@ 당(當)" 포도주 가격이라는 암시들에서 이 부호를 여러 차례 사용한다. 이러한 용법은 우리로 하여금 예전에 스페인과 포르투갈에서 10-16리터의 용량을 가리키기 위해 사용하던 용어인 '아로바(arroba)'를 떠올리게 한다. '아로바'와 '아로바즈' 사이에는 글자 하나의 차이밖에 없으니 말이다.

@가 우리의 전자우편 한가운데 오게 된 경위를 보면, 실험실에서 모종의 실험을 하던 열정적인 컴퓨터공학자의 굉장한 이야기를 알게 된다. 1970년에 '아파넷(Arpanet)'(인터넷의 전신)이라는 프로젝트를 위해 연구하던 엔지니어 레이 톰린슨(Ray Tomlinson)이 서로 다른 두 개의 컴퓨터에서 상호간에 메시지를 보내기 시작했다. 그런 다음 이 장치를 다듬는 과정에서 사용자의 ID와 그를 받아들이는 서버의 ID를 분리시킬 방법을 찾고 있었다. 그 어떤 모호함도 없게 하려고, 톰린슨은 그 어떤 이름에도, 그 어떤 서버의 명칭에도 나타나 있지 않은 부호를 그 기능을 위해 선택하였다. 그것이 바로 @이다.

이메일 사용이 보편화되면서 예전에 쓰이던 @의 용법들은, 스페인어권과 포르투갈어권에서 무게를 의미하는 '아로베'만 제외하고 거의 사라졌다. 반면, 컴퓨터 게임이나 기타 다른 분야에서 새로운 용도로 쓰이기 시작했다.

이메일 사용 전에는 이렇게 잘 알려지지 않았다고 할 수 있는 이 기호를 여러 언어로 어떻게 부르는지 살펴보자. 근사치에 가깝게 번역하면 다음과 같다!

어떤 언어들에서는 동물과 유사한 모양에 주목하였다.

- 불가리아어로는 '원숭이 같은 A', 크로아티아어로는 '원숭이', 폴란드어로는 '원숭이' 혹은 '새끼 원숭이'이다.
- 대만어로는 '새끼 생쥐'이다
- 덴마크어와 스웨덴어로는 '코끼리 코'이다.

- 핀란드어로는 '고양이 꼬리' 혹은 '야옹이 기호'이다.
- 독일어로는 '거미원숭이'이다.
- 그리스어로는 '작은 거위'이다.
- 노르웨이어로는 '돼지꼬리'이다.
- 헝가리어로는 '지렁이/구더기'이다.
- 이탈리아어로는 '달팽이'이고, 한국어로는 '골뱅이'이다.
- 러시아어로는 '개' 혹은 '멍멍이'이다.
- 또 어떤 언어들은 원위치로 돌아가는 둥근 형태에 초점을 맞춘다.
- 카탈루냐어로는 '둥글게 말린 마요르카 브리오슈 빵'이다.
- 아랍어로는 '귀'이다. (사우디 아라비아)
- 슬로바키아어로는 '롤몹스(식초에 절여 피클로 감싼 청어)'이다.
- 히브리어로는 '스트루들 (사과와 건포도를 넣은 과자)'이라고 한다.
- 아일랜드어로는 '귀마개'[1]이다.
- 터키어로는 (또한 다른 여러 언어들에서도), '아름다운 A', '특별한 A', '고리 달린 A', '달팽이', '양' 등 여러 가능성을 열어놓는다.

심판하는 글자
Lettre arbitre

사내아이들이 태어날 때 대문자 'A' 소리를 내며 운다는 이론은 오래 전부터 전해내려 왔다. 이러한 주장은 A가 수컷을 의미하는 라틴어 mas에 쓰인 것과 같은 모음이라는 점에서 비롯된 것이다. 영국인 리처드 롤 오브

햄폴(Richard Rolle of Hampole)로서는, "아, 아 (A, A)"하고 우는 신생아가 사내아이일 수밖에 없었을 것이다. 왜냐하면 이렇게 울면서 아기가 아담(Adam)의 첫 번째 글자를 분명히 발음하니까. 이로부터 쿠르 드 제블랭(Court de Géblin)의 이론은 시작된다. "A(아) 소리는 그저 신이 인간을 모든 것의 우두머리로 만들었다는 이유 때문에 가장 높은 소리로서 꼭대기에 놓였다."

프랑스 브르타뉴 출신의 어느 언어학자가 아담이 첫마디를 브르타뉴어로 했을 것이라고 주장하는 일도 있었다. 아담이 사과를 먹다가 숨막혀 죽을 뻔하면서 "A tam!(아, 덩어리가!)"라고 말했을 것이라는 얘기였다.

키케로는 A를 '구원의 글자'라고 규정한다. '사면(赦免)'의 표시이기 때문이다. 한 심판관이 어떤 피고를 무죄로 하고 싶을 때면 작은 판에다 이 글자를 썼다. 그것은 'Absolvo(죄를 사하노라.)'를 의미했다.

그러나 A자는 불안하고 슬픈 측면도 갖고 있었다. 중세에는 간통(Adultery)이 입증된 사람의 몸에 시뻘겋게 달군 쇠로 A를 새겨놓는 일도 있었다. 나다니엘 호손(Nathaniel Hawthorne)의 『주홍글씨』의 주인공 헤스터 프린은 그 일을 간신히 모면하지 않았던가!

A로 시작하는 이름들

Appellations assujetties à A

미국 작가이며 언론인인 앰브로스 비어스(Ambrose Bierce)는 열세 남매 중 열한 번째였다. 그의 아버지 마커스 오릴리어스 비어스(Marcus Aurelius Bierce)는 아들과 딸들 모두에게 A로 시작되는 이름을 지어 주고자 했다. 이들의 이름은 태어난 순서대로 애비게일(Abigail), 아멜리아(Ameila), 앤(Ann), 애디슨(Addison), 오릴리어스(Aurelius), 어거스터스(Augustus), 알메다(Almeda), 앤드류(Andrew), 앨버트(Albert), 앰브로즈(Ambrose), 아서(Arthur), 아델리아(Adelia), 오렐리아(Aurelia)이다.

그렇지만 프랑스 작가 피에르 브누아(Pierre Benoît, 1886-1962)는 비어스의 기록을 깬다. 그의 소설 44편(1년에 1편 꼴로 발표했으며, 한 편의 분량은 정확히 318페이지였다.)에서 두 편을 제외한 모든 작품에서 여주인공의 이름이 A로 시작된다. 1918년부터 발표연도 순서대로 보면, 오로르(Aurore), 앙티네아 (Antinéa), 알레그리아(Allégria), 아나벨(Annabel), 안티놉(Antinope), 안느(Anne), 아텔스탄(Athelstane), 아가르(Agar), 알베르트(Alberte), 압사라(Apsara), 아셀(Acelle), 알리스(Alice), 아르미드(Armide), 앙젤(Angèle), 앙젤리카 (Angelica), 아라벨라(Arabella), 아르멘(Armène), 알빈(Albine), 알지르(Alzire), 아르망스(Armance), 오드(Aude), 아가트

(Agathe), 알지드(Algide), 아이노(Aïno), 아르진(Argine), 아델(Adèle), 아킬리나(Aquilina), 알베르드(Alverde), 아탈리드(Atalide), 아에도나(Aedona), 아젤(Azeaelle), 아이데(Aydée), 알시욘(Alcyone), 아이다(Aïda), 아주코(Atjouko), 아마리다(Amarida), 알크멘(Alcmène), 아레튀즈 (Aréthuse)이다.

터무니없는 진짜들
Absurdités authentiques

- 프랑스어에서 A자가 가장 많이 들어간 두 단어는 '기상천외한'이라는 뜻을 가지는 'abracadabrant'과 '타르마카담으로 포장하다'라는 뜻의 동사 'tarmacadamiser'의 3인칭 단순과거형인 'tarmacadamisa'이다.
- 프랑스어에서 'A로 표시되다(être marqué à l'A)'라는 표현은 대단한 장점을 갖고 있다는 것을 뜻한다. 이것은 16세기에 프랑스 화폐들에다 각 화폐의 우월성에 따라 알파벳 순서대로 글자를 표시한 것에서 유래한다. 파리의 화폐가 최고의 순도로 여겨져서 'A'로 표시되었다. (놀라운가?)
- 부알로(Boileau)는 A를 다섯 번 연속해서 사용하여 운문을 지었는데, 이로 인해 비난을 받았다. 문제가 된 행은 "Traçat à pas tardifs un pénible sillon.(굼뜬 발걸음으로 힘겨운 밭고랑을 만들었다)"이다.
- 19세기에는 위쪽에 가로선이 있는 A가 표시되어 있는(Ā) 집은 '청소 정기권(abonnement)을 구입했음'을 의미했다.

- 알렉트로만시(alectromancy, 혹은 alectryomancy)는 알파벳 신탁(神託)의 한 유형으로, 24칸[2]으로 된 원의 한 가운데에 수탉을 놓는다. 각 칸에는 알파벳 한 글자씩 새겨져 있고, 그 안에는 보리알이나 밀알이 한 알씩 들어있다. 수탉이 낟알을 먹는 순서에 따라 만들어지는 글자들과 음절들이 신탁을 밝히는 것으로 여겨진다. 다른 형태의 알렉트로만시는 수탉 앞에서 알파벳 글자들을 큰소리로 읽는 것이었다. (내장을 이용하는 점술인 창자점aruspication이나 밀가루로 하는 가루점aleuromancy과 혼동해서는 안 된다.)
- 프랑스어 단어들 중 12분의 1은 A로 시작한다.
- 18세기의 한 저명한 어휘전문가는 A에 대해 "이 글자는 알려져 있는 모든 언어들에서 알파벳의 첫 글자이다. 단, A가 열세 번째 글자인 에티오피아어만 제외하고."라고 말했다.

'그녀는 a의 볼록한 부분을 만들지 않았다.'는 '그녀는 아무것도 하지 않았다.'를 의미한다. 그러니까 B로 넘어가자.

---

1. 귀마개는 프랑스에서는 거의 볼 수 없지만 추운 지방에서는 많이 볼 수 있다. 이것은 양쪽 귀에 매력적인 것이 달려 있고 그 둘이 용수철로 연결된 것이었다. 속을 채운 작은 스웨터가 양쪽 귀에 있는 모습을 상상해보라. 시각적으로 @와 완벽하게 유사하다!
2. 이러한 유형의 분류는 현재 우리가 쓰는 26개의 알파벳 이전의 것이다.

그림을 담고 있는 알파벳*

ALPHABET ICONOPHORIQUE

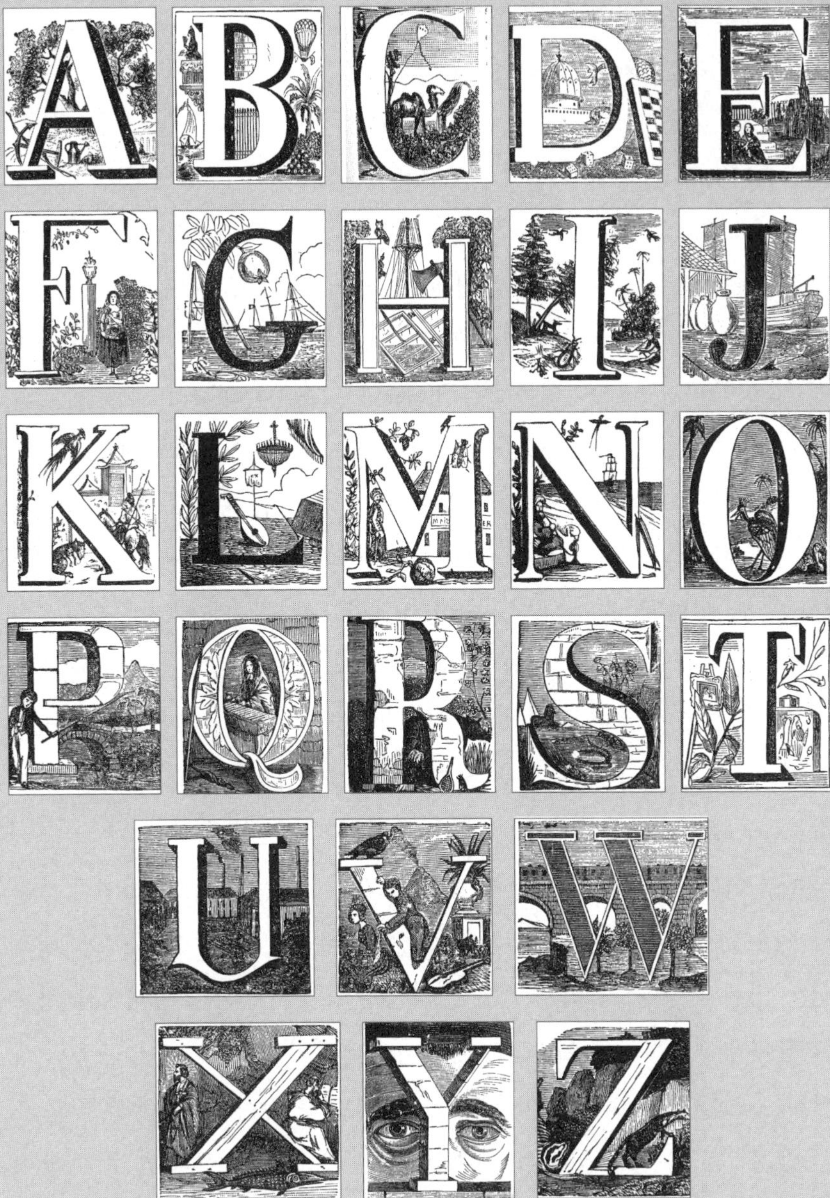

* '이코노포르(iconophore)'는 일종의 일러스트레이션으로서, 표현된 오브제들의 명칭의 첫 글자가 중요성을 띠는 그림이다. 그것이 바로 알파벳교본의 원칙이다. 여기서는 모리스 라샤트르의 『새 백과사전*Nouveau Dictionnaire universel*, 1865-1870』의 장식 대문자들을 보여주고 있다.

[be]

B의 (불경스런) 비천함

Bassesses(blasphématoires) du B

예전에는 'B로 기록된다'는 표현이 B로 시작되는 지시어들의 결점을 갖고 있다는 것을 의미했다. B로 시작되는 단어들의 결점은 '부질없이 구경거리를 좋아하는'(badaud), '건들거리는'(bancal), '절뚝거리는'(bancroche), '혈통이 순수하지 않은'(bâtard), '말을 더듬는'(bègue), '어리석은'(bête), '사시(斜視)인'(bigleux), '다리를 저는'(boiteux), '애꾸눈의'(borgne), '꼽추의'(bossu), '뿌루퉁한'(boudeur), '조잡한'(bourru) 등이다. 그랑장(Grandjean)은 이 표현이 나쁜 품성에 대한 경계심을 나타내며, 적어도 절름발이(boiteux)와 애꾸눈(borgne)에 대해서는 그러했다고 주장했다. 이는 바이런(Byron)과 월터 스콧(Walter Scott)이 절름발이였고, 카모엔스(Camoëns)가 애꾸눈이었기 때문이다. 이런 사람들에 대해서는 악의를 보이면 안 되고 너그러운 모습을 보여야 했다... 반면 그랑장은 '꼽추'는 별도의 경우라고 단언한다. "꼽추들의 심술궂음과 타고난 성향은 꽤 잘 알려져 있어서, 사람들은 그들이 '스스로 방어하도록' 내버려두지 않는다."

어떤 이들은 이러한 불행들이 그 불행을 안고 있는 자들로 하여금 조롱당하는 것에 무감각해지게 만든다고 주장한다. 또 어떤 이들은 B로 시작되는 명칭의 장애로 고통당하는 사람들은 모두 주술사나 마녀임을 바로 그 장애가 고발하는 것이라고 단언하기까지 했다. 또 어떤 이들은 B로 시작되는 이름들은 '서출(庶出)들'의 이름이라고 주장하였다! 리슐레(Richelet)만이 그 표현에서 긍정적인 작은 측면을 보았는데, 그래봤자 그 표현이 '착하고 어리석다'(être bon et bête)를 의미한다.

'B나 F로 욕설을 한다'거나 'B나 F로 말을 한다'는 표현들에 대해 사전들은 정의를 분명히 내리는 것을 오래도록 꺼려했다. 19세기에는 다음과 같은 정의를 찾아냈다. "성실성이 배척하는 어떤 상스러운 욕설을 내뱉는 것". 그렇다면 B자와 F자는 무엇을 말하는 걸까? 그레세(Gresset)의 다음 시구(詩句)들도 그 이상을 말해주지는 않는다.

"b들과 f들이 그의 주둥이에서 나부꼈다.

그러자 젊은 수녀들은 그가 그리스어를 말하는 것이라고 생각하였다."

아주 대담한 어휘전문가들만이 B는 bougre(놈)이고, F는 foutre(제기랄)을 가리키는 것이라고 말할 것이다. 오, 이런!

B자의 이 삐뚤어진 경향에 대해 신성모독죄를 범한 사람들의 이마에 B라고 낙인을 찍던 중세시대와 관련지어 볼 수도 있는 걸까?

B자가 비난받아 마땅한 단어나 개념을 감추고 있는 외설적인 표본들의 목록을 이제는 마감할 수 있도록, 신사 양반, B에서 B플랫으로 넘어가는 일이 당신에게 일어나지 않기를 바랍시다.

예쁜 아기, B

Beau bébé, le B

발육이 더딘 아기가 버버거리는 B음은
아기의 어설픈 입에서 폴짝폴짝 뛰는 것 같다네.
곧이어 봉주르, 봉수아르에 익숙해진다네.
아기가 뽀뽀와 사탕을 번갈아가며 애타게 원하고 있다네.
유모 바베에게는 공을 달라고 한다네.
마실 것과 예쁜 잔도 달라고 한다네
아기의 부드러운 재잘거림은 더없이 애교스런 B들로 가득하다네.
만약 아기가 뿌루퉁해 있다면, 아파서 그런 게 확실하다네.

피에르-앙투안-오귀스탱 드 피이스
(Pierre-Antoine Augustin de Piis, 1755-1832)

B, 그리고 그의 잡다한 일들

B et ses boulots bigarrés

B의 비천함을 고려하면, 시리즈 B, 플랜 B, 카테고리 B, B군(群), 심지어 비닐의 B면까지 그 의미가 쉽게 이해된다. 알파벳 첫 글자의 그늘에서 사는 것이 그리 안락한 처지가 아님은 당연하다. 두 번째 카테고리이지, 최고가 아니다. B의 그리스 이름인 '베타'도 비슷한 고뇌를 겪는다. '베타 남성'은 복종하는 자, 추종하는 자이지, 리더가 아니다. 그저 '베타'인 것이다. 별자리에서도 가

장 빛나는 별은 '알파'라고 명명되고 그 다음이 '베타'라고 천문학자들이 말해줄 것이다.(그 다음도 그런 식으로 이어진다.)

하지만 B가 A를 능가하는 경우도 있다. 컴퓨터 분야에서 소프트웨어의 첫 번째 버전(시장에 출시되기 이전의 버전)은 알파라고 명명된다. 그리고 그 다음 단계(베타 버전)에서 버그와 큰 실수들이 제거된다. B가 A보다 우월한 또 다른 영역은 비너스의 아름다움을 논할 때이다. 누가 브래지어의 B컵보다 A컵을 선호하겠는가?

B로 시작되는 단어는 소음(bruit), 튀어 오르다(bondir), 폭탄(bombe), 웅성거림(brouhaha), 요란한 굉음(boum) 등과 같은 일종의 폭발, 소음, 갑작스런 움직임을 표현한다. 만약 이런 관찰이 맞다면, 화약 B가 있다는 사실이 지나치게 놀랄 일은 아니다. 이것은 일종의 폭발물로서, 불랑제(Georges Boulanger, 1837-1891) 장군의 이름을 따서 그렇게 불린다. 그렇다면 여기서 국제신호코드로 '폭발물질 하역'을 알리는 깃발 B가 의미하는 바와 연결지어야 할까?

전투에서의 B
B en bataille

사모사타의 루키아노스(Lucianos, 3세기의 그리스 철학자)는 자신의 저서 『글자들의 대화(*Dialogue des lettres de l'alphabet*)』에서 알파벳의 탄생을 이야기하며 글자들을 의인화한다. 여기에서 '정부의 2인자'인 B는 '용

법(l'Usage)'과 '문법(la Grammaire)'에게 이야기한다. 니콜라 페로 다블랑쿠르(Nicolas Perrot d'Ablancourt, 1606-1664)가 훌륭하게 번역한 B의 논변은 다음과 같다.

"만약 몇몇 야만적인 단어들만 제외하고, 정부의 2인자[3]를 단어들의 끝에서 없애버린다면, 그리고 마치 그 2인자가 죽기라도 한 양 이제는 납으로 된 그의 모습 외에는 볼 수 없다면, 문자의 제국에 어떤 질서가 있을 수 있을까요? 그러나 나를 죽은 양 취급하는 곳이 여기만이 아닙니다. 사람들은 나로 하여금 빚(*debte*)[4]을 잃게 했습니다. 사람들은 나의 신민들(subjets)[5]이 내게 의무(deboirs)[6]를 다하고 복종(submissions)[7]하는 것을 방해합니다. 사람들은 내게서 두 번째 달과[8] 한 주의 마지막 날[9]을 앗아갔습니다. p까지도 내 자리를 빼앗으려 애를 쓴답니다. 그는 그 정도로 교묘하니까요. 그래서 내가 p를 꼼짝 못하게 만들려면 내가 껑충껑충(cabrioler)[10] 뛰면서 그를 희생시키려 한다는 의심(soubçon)[11]을 없애주는 수밖에 없는 것 같습니다. 게다가 나는 당신의 선량함을 너무나 신뢰하고 있으므로 당신이 나의 품위를 떨어뜨리기보다는 높여주시리라 기대합니다."

잡동사니
Bric-à-brac

- 1B는 1벨이며, 이는 알렉산더 그레이엄 벨(Alexander Graham Bell)의 벨이다. 오늘날에는 '데시벨(db)'이라고 한다. 그러나 B는 또한 '보메도(Baumé度, 화학에서 액체의 비중을 재는 단위)'이기도 하다.

- 3B는 어떤 이들에게는 바흐, 베토벤, 베를리오즈이고, 또 어떤 이들에게는 바흐, 베토벤, 브람스이다.
- b는 빈의 법칙(2,8977686×10−3 mK)에서 상수이거나, 아니면 '반'(*barn*, 원자핵의 단면적 단위로 10-24cm2이다)을 의미한다.
- 어떤 사회에서는 1B가 작은 성냥갑을 채울 정도의 대마초 양을 의미한다.
- BAC은 신학교(boîte-à-curés, 직역하면 사제들의 상자)의 약자이며, '에콜 B'는 에콜 뷔소니에르(école buissonnière)[12]를 지칭한다. BOF(버터(beurre), 달걀(oeuf), 치즈(fromage))는 경멸적인 의미로, 2차 세계대전 중 암시장을 통해 성장한 신흥부유층인 유제품 판매업자를 부르는 말이다.
- 'proxima primae(첫 번째에 가장 가까운)' 단어들과 함께 오는 B는 총애받는 사람이나 수상(首相)의 명구(銘句)이다.
- '베카르'(B quarre, 오늘날에는 bécarre[13]), 즉 제자리표는 노래를 더 경직되고 투박하게 만들어주는 꾸밈없고 평범한 톤이다. 제자리표는 그래서 이름이 그렇게 붙여졌다.[14]. 네모난 것들은 둥근 것보다 더 경직된 모양이기 때문이다.

『운명론자 자크(*Jacques le fataliste*)』[15]에 나오는 아이는 A를 말하는 것을 거부한다. 왜? "– 내가 A를 말하고 난 즉시 B를 말해야 할 테니까." 이제는 C를 말해야 하는 걸!

3. 여기에서 정부의 2인자라 함은 알파벳 'B'를 말한다. (역자 주)
4. 루키아노스는 라틴어 de**b**ita에서 파생된 빚(dette)이라는 단어에서 B가 사라져버렸음을 암시한다.
5. 마찬가지로, 단어 sujet(주제, 신민, 백성)의 기원이 되는 라틴어 su**b**jectum을 상기시키는 것이다.
6. 라틴어 de**b**erre에서 나온 것임에 틀림없다.
7. 라틴어 su**b**mssio에서 나온 것이다.
8. 프랑스어로 2월을 뜻하는 février는 라틴어 fe**b**ruarius에서 온 것이다.
9. 프랑스어로 토요일을 지칭하는 samedi는 라틴어 sam**b**edi에서 온 것이다.
10. 한동안 이 단어는 ca**b**rioler가 아니라 ca**p**rioler라고 쓰였다.
11. '의심'이란 뜻의 단어는 오늘날에는 sou**p**çon으로 표기된다. (역자 주)
12. 중세에 신교도들이 비밀리에 세운 임간(林間)학교.(역자 주)
13. 제자리표, 직역은 '네모난 B'.(역자 주)
14. 프랑스어에서 'carré'는 정사각형, 네모 등을 뜻한다. (역자 주)
15. 18세기 프랑스 계몽사상가 드니 디드로(Denis Diderot)의 소설. (역자 주)

제지업자들의 알파벳*

ALPHABET DE PAPETIERS

A0	841 x 1189 mm	**B0**	1000 x 1414 mm	**C0**	917 x 1297 mm
A1	594 x 841	**B1**	707 x 1000	**C1**	648 x 917
A2	420 x 594	**B2**	500 x 707	**C2**	458 x 648
A3	297 x 420	**B3**	353 x 500	**C3**	324 x 458
A4	210 x 297	**B4**	250 x 353	**C4**	229 x 324
A5	148 x 210	**B5**	176 x 250	**C5**	162 x229
A6	105 x 148	**B6**	125 x 176	**C6**	114 x 162
A7	74 x 105	**B7**	88 x 125	**C7**	81 x 114
A8	52 x 74	**B8**	62 x 88	**C8**	57 x 81
A9	37 x 52	**B9**	44 x 62	**C9**	40 c 57
A10	26 x 37	**B10**	31 x 44	**C10**	28 x 40

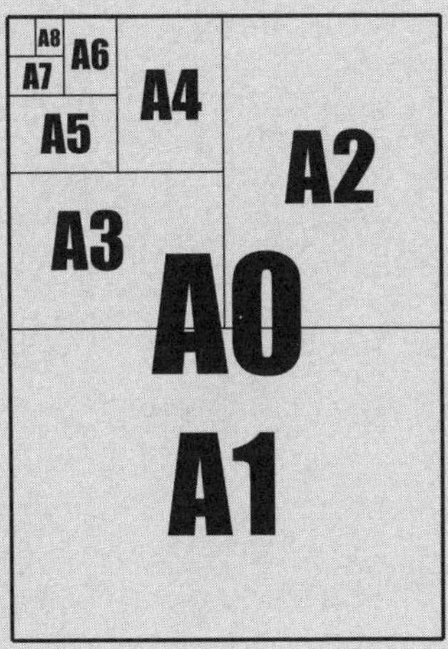

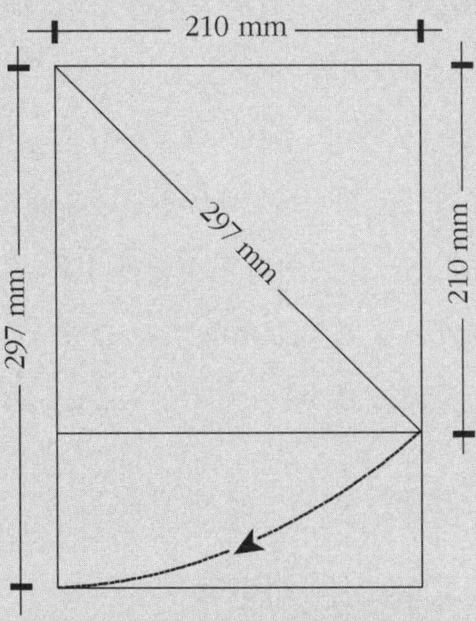

Principe de construction du format

* 1969년 8월 17일자 『프랑스 관보(*Le journal officiel*)』는 프랑스에서 사용하는 종이의 판형을 공식적으로 지정한다.(ISO 216기본형) A0의 면적은 1m^{2}이다. A와 B에 붙여지는 숫자는 0인 상태의 종이를 접은 횟수이다.(이 때, 짧은 두 변을 맞붙여서 접는다) 긴 변의 길이는 짧은 변을 한 변으로 하는 정사각형의 대각선의 길이와 같다. 즉, 사방 21cm인 정사각형의 대각선은 29.7cm이다. A류와 B류는 종이에 적용되고, C류(ISO 269)는 봉투에 적용된다.

[se]

위협적인 논평
Commentaires comminatoires

로마인들에게 C는 슬프고 불길한 글자(lettra tristis)였다. 판사들이 범인에게 형을 선고할 때 C자가 쓰인 작은 판을 단지 안에 던져 넣으면, 이는 '유죄(condemno)'를 의미했기 때문이다.

영국의 한 문법학자는 1662년에 C자는 남녀양성이며 잡종으로서, 한마디로 '괴물'이라고 단언했다.

어휘전문가들은 프랑스어에서 '두 번째'를 의미하는 'second'에서 c의 발음에 대해 격렬히 논쟁했다[16]. 1834년 나폴레옹 랑데(Napoléon Landais)는 이 단어를 '스공'으로 발음하는 것은 지나치며 천박하다고 단언했다. 그러나 루이-니콜라 베슈렐(Louis-Nicolas Bescherelle)은 몇 년 후 랑데의 주장을 반박한다. 베슈렐에 따르면, "이 모험적인 어휘전문가는 잘못 이해하고 있으며, 언어들의 메커니즘, 특히 다양한 자음들을 이어주는 긴밀한 관계를 완전히 무시하는 것 같다. (...)". (그런데 나는 '스꽁(ce con)'[17]이라고 말하는 것을 피하기 위해 '스공[segon]'이라고 발음하는 줄 알았는데...)

C에 미친 사람들
Cinglés du C

C자는 두운법을 좋아하는 시인들에게 확실한 매력을 행사했다. 대머리왕 샤를(Charle le Chauve)과 같은 시대에 살았던 위크발 드 생타망(Hucbale de Saint Amand)은 그를 위해 『대머리 찬가*Eolge de la calvitie*』를 짓는다. 100행도 더 되는 이 라틴어 시는 "Carmina claisonae calvis cantate Camenae. Cum crescit capitis cervicis calva corona (…)"[18]로 시작한다. 다른 한편, 독일사람인 크리스티아누스 피에리우스(Christianus Pierieus)가 『십자가형에 처해진 그리스도(*Christius Crucifixus*)』라는 제목으로 매우 긴 시(1200행이나 된다!)를 썼는데, 이 라틴어 시의 각행은 모두 C자로 시작한다. 이탈리아의 시인 함코니우스(Hamconius)는 종교적인 주제에 머무르면서 1607년에 가톨릭교도와 칼뱅교도 간의 분쟁에 대하여 1000개 이상의 행으로 이루어진 시를 지었다. 『*Certamen Catholicum cum Calvinistis, continuo charactere conscriptum*』, 즉 『가톨릭 교도에게 계속적으로 위임된 칼뱅주의자들과의 투쟁*Le Combat des catholiques contre les calvinistes consigné de façon continue*』이다. C에 미친 마지막 사람은 영국인 헨리 하더(Henry Harder)이다. 그는 덜 가톨릭적인catholique 주제인 '고양이들(chats)'을 선택했다. 이 역시 라틴어 작품으로, 모든 단어가 C로 시작한다. 작품의 길이는 다른 두 작품보다 짧다 하더라도, 제목은 훨씬 더 길다. 『*Canum cum Catis certamen carmine compositum currente calamo C catulli Cananii*』, 프랑스어로 옮기면 『*Combat de chien et de chat, cantilène composé par le calame cavaleur de Caius Catulle le Cananéen*가나안 사람 카이우스 카툴루스의 바람난 갈대로 지어진 애가(哀歌), 개와 고양이의 싸움』이다.

복잡한 커플
Couple compliqué

미국의 해학가 제임스 서버(James Thurber)는 그 자신이 '알파벳의 상관성'이라고 이름 붙인 분야에서 몇 가지 사실을 발견했다. 그는 자기가 관찰한 것들 중에서 C+M으로 이루어진 조합이 복잡하다는 것을 간파한다. 예를 들면, 코브라(Cobra)와 몽구스(Mongoose), 캐퓰릿(Capulet)과 몬테규(Montaigu), 코르데(Corday)와 마라(Marat), 챔벌레인(Chamberlain)과 뮌헨(Munich), 자본주의(capitalisme)와 마르크스주의(marxisme) 기독교도(christian)과 회교도(musulman) 독신(celibacy)과 결혼(mariage), 클래식(classic)과 모던(modern), 화학(chemistry)과 기계학(mechanics), 우주(cosmos)와 지구(monde), 클레오파트라(Cleopatra)와 마르쿠스-안토니우스(Marcus-Antonius), 자비(charity)와 악의(malice) 등이다. 샤토 마르고(Château Margaux)와 마르텔 코냑(cognac Martell), 그리고 샹동(Chandon)과 모에트(Moët)의 결합은 그래도 마음이 놓인다는 점에서 위안을 얻는다![19]

카파르나움(잡동사니 창고)
Capharnaüm

- 테이블에 놓이는 식기들의 배치 순서를 기억하는 요령. 두 C, 즉 나이프(couteau)와 숟가락(cuillière)은 오른쪽(droit, D)에 두고, F인 포크(fourchette)는 왼쪽(gauche, G)에 둔다, 즉 CD와 FG를 기억하면 쉽다.
- 12세기의 독일 출신 신학자인 생빅토르(Saint-Victor) 수도원의 후고에게

C자는 넉넉한 글자로, 넓게 펼쳐진 신의 사랑을 의미하는 것이었다.

- 고대 로마에서 CC는 '두 카이사르에게(Cesaribus)', '친애하는 부인에게(cimae conjugi)', 혹은 '중상모략으로 인해(calomniae causa)'와 같이 여러 가지 의미가 있었다. 그런데 만약 이들을 헷갈려서 잘못 쓴다면…
- 19세기 후반 프랑스어 사전을 여러 권 집필한 모리스 라샤트르는 C자를 선교사의 위치로 승격시켰다. 그는 코란(Coran), 코삭(Cosack), 칼리프(Calife) 같은 단어들의 C를 K로 바꿔 쓰자고 제안했는데, 이는 "너무 많은 단어를 가지고 있는 C의 짐을 덜어주기 위해서"였다. 확실히, C는 프랑스어에서 가장 빈번히 첫 글자로 등장하는 알파벳이다. 피에르 라루스의 『대백과사전*Grand Dictionnaire universel*』은 총 17권 중 3권을 C에 할애하고 있다.

- 프랑스어 단어들의 마지막에 쓰인 C는 발음하는가, 발음하지 않는가? Estomac(위, 胃)와 croc(갈고리)의 경우, 17세기에는 발음했었다. 라퐁텐(La Fontaine)의 『말과 늑대*Le Cheval et le Loup*』, 그리고 부알로의 『책 받침대*Le Lutrin*』를 들어보자.

늑대는 말한다. 저 말을 잡는다면 훌륭한 사냥이 될 텐데!
아! 너는 왜 양이 아닌 거니! 그랬다면 나한테 안성맞춤이었을 텐데!

그는 면도를 하고 대담하게 꼿꼿이
휘파람을 불며 불행한 시드락을 때리러 간다.

Bonne chasse, dit-il, qui l'aurait à son croc!
Eh! que n'es-tu mouton! car tu me serais hoc.

Lui rase le visage et droit dans l'estomac
Va frapper, en sifflant, l'infortuné Sidrac.

사례 C 다음에는 (우리의 근심거리들 중) 사례 D로 넘어갑시다.

---

16. 프랑스어에서 c는 [k] 혹은 [s]로 발음된다. 다음에 a, o, u가 오면 [k], e나 i가 오면 [s]로) 발음하는 것이 일반적이나, 예외적으로 second에서는 [g]로 발음된다. 이하는 그에 대한 설명이다.(역자 주)

17. 'ce con'은 프랑스어로 '이 머저리'라는 뜻으로 비속어이다. (역자 주)

18. 의역하면 "낭랑한 목소리의 샘물 님프들이여, 대머리들을 위해 이 시를 노래하세요. 그의 목덜미 위로 대머리 왕관이 머리에 얹어질 때…"이다.

19. 모에트-샹동(Moët-Chandon)은 프랑스 샴페인의 한 상표이다. (역자 주)

해양 알파벳*

ALPHABET DE MARINE

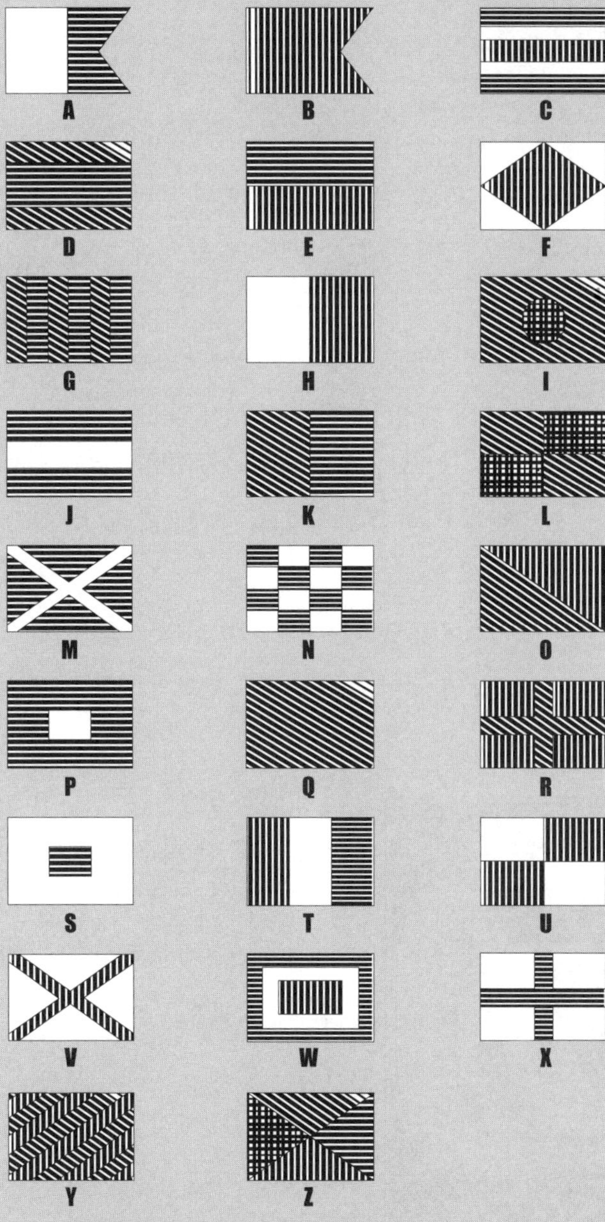

* 이 항해 깃발들은 각각 알파벳의 가치를 띠면서 하나의 상징체계가 되기도 한다. 항해 깃발 J가 홀로 게양된 것은 '배에 화재가 발생했음'을 의미한다.

[de]

델타에 대한 논쟁

Débats sur le delta

프랑스 알파벳의 D자는 어디에서 왔는가? 그리스어의 델타에서 온 것이다. 그렇다면 그리스어의 델타는 어디에서 왔는가? 이에 대해서는 매우 많은 견해들이 있다.

그리스 고어에서 델타(프랑스 알파벳 D의 조상)는 아마도 데메테르(대지의 화신이며, 농업의 여신)의 글자로 여겨졌을 것이다. 델타의 삼각 형태는 생식의 기본요소(여성의 음부)를 나타내는 동시에 여신의 세 화신(化神)인 데메테르, 페르세포네, 코레이다.

다른 이론은, 그리스어의 델타는 음부도 아니고 가슴도 아니고, 페니키아어의 'delt', 즉 '문짝'일 것이며, 그러므로 텐트의 입구를 지칭하는 것일 거라는 주장이다.

세 번째 주장은, 그리스인들이 멤피스 근처 나일 강 하구에 위치한 매우 비옥한 '섬'에 대한 기억뿐만 아니라 시칠리아 섬의 삼각형 모양도 떠올리면서 글자 델타에 삼각형을 부여했을 것이라고 한다.

마지막 실마리로서, 조프루아 토리(Geoffroy Tory, 1480 – 1533)에 의하면, '델타'는 고대 세계의 세 부분, 즉 아시아, 아프리카, 유럽을 의미할 것이라고 한다. 오늘날 '델타'라는 단어는 한 별자리에서 가장 강한 네 번째 별을 가리킨다. 세페우스 자리 델타, 오리온 자리 델타 등이 여기에서 비롯된 이름들이다. 아나이스 닌(Anaïs Nin)은 자신의 소설 『델타 오브 비너스*Delta of Venus*』라는 제목에서 천문학과 여성의 섹슈얼리티를 섬세하게 결합시켰다.

발성법과 D의 실종
Diction et disparition du D

19세기에는 알파벳 글자의 모양과 이를 발음할 때의 입 모양이 서로 연관이 있다고 생각하는 것이 일반적이었다. 이에 관해 베슈렐 형제의 맏형인 루이-니콜라는 다음과 같이 주장한다.

"D가 왜 그런 모양을 하게 되었는지 설명하기 위해서는 D 음을 만들어내는 데 협력하는 두 기관의 동작을 관찰해보기만 하면 된다. 이 조음(調音) 과정에서 혀가 윗니들의 전면(全面)에 의지하고, 그렇게 해서 윗니들이 혀를 가로막고 경계짓는 것을 보게 된다. 그 자연적인 경계, 즉 치아들에 의해 형성되는 궁형(弓形)을 그려보면, D 형태를 얻게 될 것이다. 이 D는 B처럼 수직선으로 닫히면 완벽한 D가 될 것이다. 그러한 것이 이 글자의 메커니즘이며, 이 모델에 따라 D자가 그려진다. 게다가 그 글자를 내뱉을 때의 혀 모양처럼 펼쳐지고 준비되어 있는 혀의 형상과 유사하다는 이점도 있다. 이 메커니즘은 더할 수 없이 정확하게 전설(前舌) 부분(혀의 앞쪽 절반)을 묘사해 주는데, 그 글자를 절

단하는 수직선이 그 반절 부분을 특히 잘 표시해준다. 이 수직선은 게다가 D를 C와 구분짓는 데 유용하다. 그것이 없었다면 오로지 위치에 의해서만 C와 구분될 수 있었을 것이다. 그러므로 D는 그렇게 해서 단 하나의 모양 안에 그 글자가 의존하는 두 기관의 표현을 겸비한다."

보줄라(Claude Favre de Vaugelas, 1585-1650)는 그가 살던 시대에 D의 세력이 약해지는 것을 확인했다. "오늘날 인쇄되는 거의 대부분의 책에서는, D가 전혀 느껴지지 말아야 하는 단어들에서 D를 없앤다. 그래서 avenir(미래), avis(의견), ajourner(연기하다), ajuster(조정하다) 같은 단어들에서 d가 삭제되어 쓰인다. 이제 이 단어들의 발음에서 착각할 일은 없을 것이다. Aversité(역경)를 발음할 때 d를 느끼게 하는 사람들이 아직도 여럿 있지만, adversaire(적수)의 경우에는 모두가 d를 발음하지 않는다." 오늘과는 다른 세계, 다른 관습이었다...

모리스 라샤트르에 의하면 D는 "우리의 알파벳 중에서 가장 부드럽고 가장 기분 좋은 자음들 중의 하나이다. 그렇지만, 몇몇 언어에는, 특히 북유럽의 언어에는 D 자음이 없다. 독일인들에게는 D를 프랑스식으로 발음하는 것이 거의 불가능한 일이다."

D로서는 정말로 힘든 변화였다. 쫓겨나거나, 그렇지 않으면 부적절한 방식으로 덧붙여지니 말이다. 에드가 포르(Edgar Faure)는 자신의 이름 마지막에 d가 없다는 것을 분명히 밝히면서, 자신의 소설 『랑구아 씨는 늘 한결같지는 않다.(*Monsieur Langois n'est pas toujours égal à lui-même*)』를 위한 필명으로 에드가 상데(Edgar Sanday)를 선택한다. 피에르 다니노

(Pierre Daninos)는 “그 d 없는 에드가들[20]은 자기들에게 없는 것을 존중하면 그것에 대해 몹시 예민하게 군다”고 조롱하였다.

어린 양 같은 D
D comme agneau

마리 드 프랑스(Marie de France)의 우화『사제와 늑대*Le Prêtre et le Loup*』를 아는가? 한 사제가 늑대에게 알파벳을 가르치려 한다[21].

“A.”라고 사제가 말한다.
“A.”라고 늑대가 말한다.
“B를 나랑 같이 해봐.”라고 사제가 말한다.
“B.”라고 늑대가 마침내 말한다.
“C.”라고 사제가 말한다.
“C. 아직도 그만큼 더 있나요?” 늑대가 말한다.

“이제 네가 해봐.” 사제가 말한다.
“뭘 말하라는 건지 모르겠어요.” 늑대가 말한다.

“머리에 있는 걸 말하라고.” 사제가 말한다.
“새끼 양! 새끼 양!” 늑대가 말한다.

이 사제는 프로이트보다 800년 정도 먼저 이것이 실언(*lapsus linguae*)임을 설명하고 있다.

D의 굴절
Déclinaisons de D

- D자는 드루이드(Druid)들에게 큰 중요성을 띠었으며(어쩌면 자기도취 때문에?), 주피터와 목요일(독일어로 Donnerstag)에도 연결되어 있었다.
- 천문학자들에게 D자는 백색 왜성(*dwarf*)의 한 등급을 가리키는 데 쓰이고, 다른 한편으로는 파괴되거나 소멸된 혜성을 가리킬 때 쓰인다. D층은 전리층(電離層)의 한 영역이다.
- D는 "우리가 휴런족에게서 듣게 된 소리들 중 유일하게 파악된 글자였다." (나폴레옹 랑데)
- 드잘뢰(Desaleux) 장군은 자기 이름의 이니셜을 붙여 '병기 D', '포탄 D'라는 식으로 부르게 했다. 조프르 원수(Joseph Joffre, 1852-1931)에 따르면 "포탄 D의 도입은 전시 포격을 위해 최소한 4천 미터 깊이에 있는 사격장을 필요로 했다."고 한다. 무슨 소리인지 잘 알아들은 사람에게 경의를 표한다!
- 미국 남북전쟁 동안, 탈영병의 몸에는 D자를 표시하였다. 이 글자는 달군 쇠나 면도칼로 엉덩이나 볼에 새겨졌다. 일단 이 표식을 새긴 후, 그 자리에 검은 가루를 채워 넣었는데, 이는 그 희생자의 고통을 증폭시키는 동시에 표식이 지워지지 않게 하기 위함이었다.
- 어두음(語頭音)으로 D를 덧붙이는 것은 '악스의 빌라'(villa d'Ax)가 '빌라 닥스'(villa Dax)로 된 것이나 인도 수탉(coq d'Inde, 코크 댕드)이 칠면조(dinde, 댕드)로 되는 것과 같은 현상이다.
- "세상에서는 모든 것이 위대한 4D에 의해 만들어졌다. 신(Dieu), 악마(Diable), 여인(Dame), 드니에(Denier, 프랑스 화폐 단위)" (19세기 프랑스

격언).

조지 오웰의 『동물농장』에 나오는 말(馬) 박서(Boxer)는 글자를 D 이상 배우는 데 성공하지 못했다. 그러나 우리는 그렇지 않다.

---

20. 'D 없는 에드가'는 결국 Edgar Faure의 본명과 필명(Edgar Sanday) 두 이름을 모두 지칭하는 것이다. (역자 주)

21. 이 우화의 더 최근의 버전에 따르면, 늑대는 양을 잡아 먹기 위해 부드럽게 말하는 사제처럼 보이도록 했다. 그러한 것이 성직자 삶의 두 가지 특징이었기 때문이다.

원소의 알파벳*

ALPHABET ÉLÉMENTAIRE

		발견연도	원자핵수
Ac	Actinium 악티늄	1899	89
B	Bore 붕소	1808	5
C	Carbone 탄소	기원전	6
Dy	Dysprosium 디스프로슘	1886	66
Er	Erbium 에르븀	1843	68
F	Fluor 불소	1886	9
Ga	Gallium 갈륨	1875	31
H	Hydrogène 수소	1766	1
I	Iode 요오드 (옥소)	1811	53
J	해당사항 없음		
K	Potassium 칼륨 (포타슘)	1807	19
La	Lanthane 란탄	1839	57
Md	Mendélévium 멘델레븀	1957	101
N	Azote 질소	1772	7
O	Oxygène 산소	1772	8
P	Phosphore 인	1669	15
Q	해당사항 없음		
Ra	Radium 라듐	1898	88
S	Soufre 황	기원전	16
Ta	Tantale 탄탈	1802	73
U	Uranium 우라늄	1789	92
V	Vanadium 바나듐	1801	23
W	Tungstène 텅스텐	1761	74
Xe	Xénon 크세논	1898	54
Y	Yttrium 이트륨	1794	39
Zn	Zinc 아연	기원전	30

* 이 표에서 원소 이름으로 불리지 않는 글자들이 여럿 있음이 눈에 띈다. J와 Q를 이니셜로 하여 기호를 표시하는 원소는 없다. 다른 글자와 결합해서만 표기되는 것들도 여럿 있다. 그리고 Z는 '원자핵의 수(數)'를 위한 약어임을 알고 넘어가자.

[ə, e]

E: 심미적이고 영원한 글자

E: lettre esthétique et éternelle

막 태어난 남자아기는 "아! 아! (A! A!)"하고 운다는 것을 우리는 알고 있다. 그러므로 막 태어난 여자아기가 "에! 에! (E! E!)"하며 운다는 것을 알게된다고 해서 놀랄 일은 아니다. ('에(E)'는 페미나(*faemina*), 혹은 에바(*Eva*) 의 첫 모음이다). 엉뚱하다고 할 수 있는 이런 사례 외에도, 글자 E는 다른 자질들을 엄청나게 많이 부여받았다.

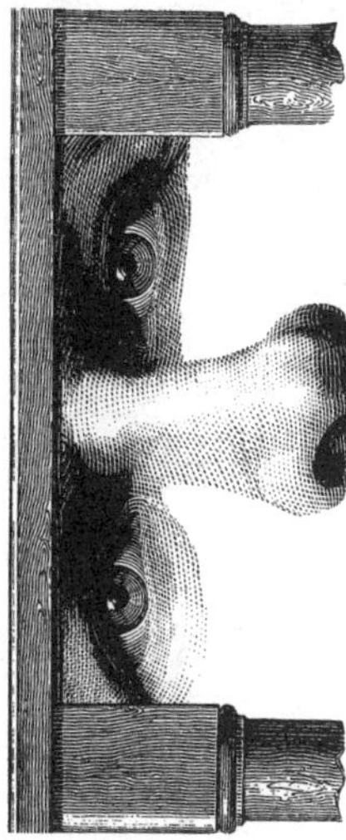

"E는 자신을 구별짓게 할 뿐만 아니라 우리로 하여금 그 글자를 소중하고 귀히 여기게 만들려는 듯한 장점을 갖고 있다. 이 글자가 나타내는 소리는 존재의 징후이다. 그것은 생명의 숨결이며, 호흡하는 소리 그 자체이기도 하다. 사실 호흡의 숨결을 그림으로 그리는 데 있어 우리가 숨쉴 때 이용하는 기관의 형상 그 자체보다 더 적합한 것은 없다! E 형태가 나타내는 것 또한 그것인데, 아마도 다음과 같은 생각에 따라 그렇게 그려진 것 같다. 그것은 코의 아랫 부분 전체를 그려보인다는 생각이다. E를 구성하는 세 개의 평행선은 두 개의 콧구멍과 그 콧구멍들 사이의 격막에 대한 완벽한 묘사이다. 복제한 그림과 그 그림의 모델이 더할 수 없이 유사함을 느낄 수 있다." (루이-니콜라 베슈렐, 1845)

마지막으로, E자는 영원성(éternité)이라는 단어의 처음과 끝뿐만 아니라, 각 별(étoile)마다, 그리고 우주(espace) 전체의 처음과 끝에도 있다는 것을 잊지 말자. 특별한 존재이다.

여러 가지로 해석되는 풍요로움

Enrichissements équivoques

식료품 포장지에 나타나 있는 E자로 시작되는 숱한 코드들 뒤에는 무엇이 감춰져 있는 걸까? 우선 E자는 유럽(Europe)을 의미한다. 그 뒤의 숫자들은 유럽연합 식품과학위원회(Comité scientifique de l'alimentation humaine au plan européen)가 지정하는, 유럽에서 사용되는 코드를 가리킨다 몇몇 카테고리를 들어보자.

- E 100~180: 색소
- E 200~290: 방부제
- E 300~321: 산화방지제
- E 322~1500 이상: 결착제 (산미료, 유화제, 안정제, 농화제), 조미료, 감미료, 안정제, 발포제 등.

빼기 연습, 지친다, 지쳐!

Exercice d'extraction: exténuant

울리포(Oulipo)[22]는 여러 세기 전부터 오래도록 해오던 리포그램(lipogramme)을 지면(紙面)에 다시 넣었다. '리포그램'이란 어떤 정해진 글자를 사용하지 않으면서 글을 쓰는 것을 가리킨다. 가장 유명한 사례는 조르주 페렉(Georges Perec)[23] 의 『실종*La disparition*』이다. E자의 패권을 생각해보면 리포그램을 위해 당연히 좋은 후보감이다.

페렉의 『실종』이 출간되기 30여 년 전에 어니스트 빈센트 라이트(Ernest Vincent Wright, 당시 67세이던 캘리포니아 사람)가 E자의 도움 없이 소설 한 편을 쓰겠다고 스스로 도전한다. 그리고 자신을 돕기 위해-아니, 그보다는 자신의 규율을 지키도록 스스로 강요하기 위해- 타자기의 E 키를 줄로 묶어서 쓰지 못하도록 막아놓았다. 라이트가 쓴 『개즈비*Gadsby*』[24]라는 소설은, 존 개즈비(John Gadsby)라는 자가 브랜스턴 힐즈 시(市)를 더욱 발전적이고 번영하는 도시로 만들려는 시도를 하면서 젊은이 단체로 하여금 시를 관리하게 함으로써 그런 번영을 이룩해내려 한다는 내용이다. 라이트는 문학적이면서 리포그램적인 그 모험을 이야기하면서, 규칙동사들의 과거시제(영어에서는 'ed'로 끝나니까)와 여러 인칭대명사(he, she, her, they, them)를 쓸 수 없다는 점이 주된 어려움이었다고 설명했다. 그런데 불행한 우연이 발생했다. 그의 책이 출간되던 바로 그 날 그가 죽는다. 만약 당신이 숙명적으로 어떤 리포그램을 집필해야 할 것 같아 걱정스럽다면 전문가들에게서 충고를 얻으시라. 그들 중 어떤 이들은 e를 빼는 리포그램을 위한 대체표현들의 목록까지 제공할 것이다. ('빨리'를 뜻하는 'vite'는 'fissa illico'로, '함께'를 뜻하는 'ensemble'은 'à l'unisson'으로, '짓누르는 의심'을 뜻하는 'le soupçon accablant'은 'l'accablant soupçon'으로 하는 등...)

나서지 않는 E의 광채

Eclat d'un E effacé

무음 E('탈락성 E'라고도 부른다.)는 정말로 조용히 있지만 그래도 대단한 인기를 누린다. 이 무음 E야말로 프랑스어의 특색이자 독창성이라고 여기면서 그 무음 E의 영광을 찬양한 사람들이 한둘이 아니니 말이다. 17세기의 당조(Dangeau, 1643-1723) 신부는 "무음 e는 우리 언어의 아름다움들 중 하나인 그 무한히 다양한 소리들과 어미들에 많은 공헌을 한다."고 하였다. 작곡가인 카스틸-블라즈(Castil-Blaze, 1784-1857)는 "프랑스인들이 갖고 있는 유일한 부드러운 모음"이라고 했다. 저술가인 리바롤(Antoine de Rivarol, 1753-1801)은 "소리를 내는 물체의 마지막 진동과도 같은 무음 e는 오로지 프랑스어에만 속하는 경쾌한 하모니를 이 언어에 부여한다."고 말했다.

볼테르는 이 조용한 글자의 신(神, Eternel) 앞에 변호인으로 나섰다. 무음 e에 대하여 어느 이탈리아 사람이 비판을 하자 볼테르는 다음과 같이 무음 e를 찬양했다. "당신은 우리의 무음 e를 입속에서 소멸되어 잘 들리지 않는 슬픈 소리라고 비난하는군요. 하지만 바로 그 무음 e들 속에 우리의 산문과 운문의 위대한 조화가 있답니다. Empire(제국), couronne(왕관), flamme(불꽃), tendresse(다정함), victoire(승리)에서 보이는 이 행복한 굴절어미들 모두는 해당 단어가 발음된 후에도 여전히 존속하는 소리를 귀에 남기지요. 마치 손가락들이 건반을 더 이상 치지 않을 때도 아직 소리가 울리는 클라브생처럼 말입니다."

난해한 명백함
Evidences ésotériques

- 루마니아에서는 E자가 단위생식의 상징일 것이다.
- 1976년에 나온 유럽연합 지침서는 상품의 포장에 인쇄되는 커다란 소문자 e의 정확한 형태를 규정하고 있다. 큰 소문자 e는 포장에 표시된 무게나 부피가 포장하기 전과 일치함을 보증한다. 마찬가지로, 이 지침서는 용인될 수 있는 부정적 실수에 대한 엄격한 허용 한계를 결정한다.
- 악상 그라브(accent grave, 예를 들어 è에 붙어 있는 강세 부호)를 쓸 것인가, 악상테귀(accent aigu, é에 붙어 있는 부호)를 쓸 것인가? 프랑스에서 '사건'이라는 단어는 'événement'이라고 쓰는가, 아니면 'évènement'이라고 쓰는가? 이는 단어가 쓰인 시기에 따라 다르다! "발음에 일치하는 'évènement'의 표기는 최근 프랑스 학술원에 의해 인정되었다. 이는 적법해졌을 뿐만 아니라, 바람직하기까지 하다. 1979년 이전에 인쇄된 텍스트들에는 모두 'événement'이라고 쓰여 있고, 이후의 글들은 대부분 이 전통을 보존하고 있다." (『로베르 대사전*Le Grand Robert*』, 1985).
- 리슐리외(Richelieu, 1585-1642) 추기경의 한 수행원은 "S-E(남동쪽)의 순풍에 함대가 닻을 올렸다."라는 지급통신문을 받고는 이를 "추기경 예하(Son Eminence)의 좋은 분위기 때문에 함대가 닻을 올렸다."라고 해석한다.

- 네퍼(Neper) 의 무리수(2.718281828)는 소문자 e로 표시된다. 대문자 E는 수론(數論)에서 조화수열(調和數列)과 자연대수(自然對數) 간 차이의 한계로 정의되는 '오일러-마스케로니 상수'

를 지칭한다.[25]

E나 O를 제외하고[26], 이 장은 이제 끝났다.

---

22. '울리포(Oulipo)'는 '잠재문학공동작업실(Ouvroir de littérature potentielle)'의 약자로, 1960년 수학자 프랑수아 르 리오네(Le Lionnais)와 레이몽 크노(Raymon Queneau)를 중심으로 창설된 실험문학을 추구하는 그룹이다. (역자 주).

23. 또한 그의 작품『유령들(*Les Revenentes*)』에서는 모음이 E만 쓰였다. 본래 프랑스어에서 '유령들'은 a를 써서 'reven**a**ntes'라고 써야 한다.

24. 이 책은 스콧 피츠제럴드의 소설『위대한 개츠비(The Great Gatsby)』(1925)에서 표현된 탕진된 희망들과 에너지에 반대하는 항변을 표현하고 있다.

25. 장 네퍼(또는 나피에Napier)는 1550년에 스코틀랜드에서 태어난 수학자로서 대수를 만들어냈다. 대수의 기본인 일명 '네퍼의 무리수'를 만들어내기도 했는데, 무리수란 두 정수의 비로 나타낼 수 없는 실수를 말한다. 조화급수(harmonic series)와 자연 로그의 차의 극한으로 정의되는 오일러-마스케로니 상수(Euler-Mascheroni constant)는 수학자 레온하르트 오일러(Leonhard Euler, 1707-1783, 스위스)의 성(姓)인 오일러의 이니셜을 따서 E로 표시된 것이다.

26. E는 착오(erreur), O는 누락(omission)을 뜻한다.

아미노 알파벳*

ALPHABET AMINÉ

A	Alanine 알라닌	**N**	Asparagine 아스파라긴
B	해당사항 없음	**O**	해당사항없음
C	Cystéine 시스테인	**P**	Proline 프롤린
D	Acide aspartique 아스파라긴산	**Q**	Glutamine 글루타민
E	Acide glutamique 글루타민산	**R**	Arginine 아르기닌
F	Phénylalanine 페닐알라닌	**S**	Sérine 세린
G	Glycine 글리신	**T**	Thréonine 트레오닌(결정성 아미노산)
H	Histidine 히스티딘 (염기성 아미노산)	**U**	해당사항 없음
I	Isoleucine 이소로이신	**V**	Valine 발린
J	해당사항없음	**W**	Tryptophane 트립토판
K	Lysine 리진 (염기성 알파아미노산의 일종)	**X**	해당사항없음
L	Leucine 로이신	**Y**	Tyrosine 티로신
M	Methionine 메티오닌	**Z**	해당사항없음

* 유전암호(genetic code)에서 각 아미노산은 명칭을 가진다. 단백질에서 공통적으로 발견되는 아미노산들의 이름을 알파벳 한 글자로 줄인 사람은 미국의 생물-정보처리학자 마거릿 오클레이 데이호프(Magaret Oaklay Dayhoff)이다. 데이호프는 실용적인 방법으로 명칭을 정했다. 우선 이 글자들(CHIMSV)로 시작되는 이름을 가진 아미노산들에만 그들의 이니셜 글자를 부여했다. 다음으로, 매우 빈번하게 등장하는 아미노산에 해당 이니셜을 부여했다(AGLPT). 그러고 나서 각 아미노산에 영어 발음상 연상이 되는 글자 R, F, Y, W를 부여했다. 나머지 아미노산들에 대해서는 굉장히 실용적인 스타일의 원칙을 이용했다. "K는 L과 가까우니까 리진(lysine)에 부여할 수 있겠네!"라는 식이었다.

[ɛf]

가혹한 쇠몽둥이질

Fustigation au fer féroce

F자는 평판이 나쁘다. F자는 악행을 저지른 사람의 몸에 빨갛게 달군 쇠로 표시하는 데에 자주 쓰였다. 고대 로마에서는 도망갔다가 다시 잡혀온 노예(fugitivi)의 이마에 F자가 찍혔다.

13세기 영국에서 몇몇 중범들(felons, 重犯)이나 교회 안에서 싸워서 유죄를 선고 받은 사람(fraymaker)의 왼쪽 뺨에 쇠로 F자를 찍었는데, 이것은 피고가 교회법정으로부터 '죄사함을 받았다'는 것을 의미했다. 마찬가지로, 1348년의 흑사병 창궐 이후 농촌 노동자가 부족했을 때, 다른 데로 가서 급료를 더 많이 받기 위해 일자리를 떠났던 사람들도 우스꽝스럽게 이마에 F자가 새겨졌는데, 여전히 빨갛게 달군 쇠로 찍혔다.

프랑스에 관해서는, 『레미제라블*Les Misérables*』을 읽고 장 발장을 아는 사람이라면 TF(Travaux forcés, 강제노역)라는 글자가 노역자의 어깨에 찍혀있었다는 사실을 알고 있다. 모리스 라샤트르는 몇 가지 세부사항을 덧붙인다. "F자는 신원에 대한 지울 수 없는 표시로, 또한 상업장부 허위에 관해서나 은행권 위조에 대한 처벌이나 가중처벌 수단으로 사용되었다." 신원의 표시로 그렇게 한 것이라면 그보다 덜 고통스러운 것을 생각해볼 수도 있었을 텐데...

프랑스에서 1832년 4월 28일의 법은 '낙인 '을 통한 처벌을 폐지했다.

해학 혹은 F에 대한 집착?
Facétie, ou fixation sur F?

루이 15세의 손자 네 명을 가르쳤던 보기용(Vauguyon, 1706-1772) 공작은 그의 제자들을 캬트르 F(Quatre F, 즉 4 F)라고 불렀다. 캬트르 F는 각각 세련된 자(le *Fin*, 부르고뉴 공), 약한 자(le *Faible*, 베리 공, 루이 16세), 거짓된 자(le *Faux*, 프로방스 백작, 루이18세), 솔직한 자(le *Franc*, 아르투아 백작, 샤를 10세)를 의미했다.

완전히 다른 세기, 다른 세계에서 자동차를 만들던 포드(Ford)는 수 년 동안 몇몇 새 모델들에 F로 시작하는 이름을 부여했다. 포드 피에스타(Ford Fiesta), 포드 포커스(Ford Focus), 포드 프리스타(Ford Freestar), 포드 퓨투라(Ford Futura), 포드 퓨젼(Ford Fusion), 포드 페얼레인(Ford Fairlane), 포드 프리스타일(Ford Freestyle), 포드 파이브 헌드레드(Ford Five Hundred)... 한 마케팅 연구에 따르면, 이러한 두음 반복은 잠재적인 구매자들에게 포드 회사에 대한 인식을 향상시키는 데 기여할 수 있었다.

스치는 소리와 굉음 사이에
Entre frôlement et fracas

F자는 의성어의 기본적인 기능들을 갖고 있다. 들이쉬는 소리, 내쉬는 소리, 숨가쁜 소리, 휘파람 소리, 바람소리 등... 또한 F자는 무관심, 무시, 싫증, 그리고 화가 난 고양이의 그르렁거리는 소리 등을 표현할 수 있다. 의성어 · 의태어 사전을 집필한 샤를 노디에(Charles Nodier, 1780-1844)는 바람을 이용하는 악기들 중 거의 모두의 소리가 F자로 특징지어진다고 여겼다. 팡파르(fanfare)에서 f가 2번이나 사용되는 이유도 여기서 비롯된다.[27]

루이-니콜라 베슈렐은 F의 발음과 낫(faux)을 연결지었다. "이런 종류에서 f자가 힘차게 만들어주는 단어들 중 'faux(낫)'라는 단어만한 것이 없다. f자는 낫의 날, 내리치기, 속도를 한꺼번에 표현한다고 할 수 있다. 이 도구의 이미지는 그런 종류의 소리를 나타내는 데 매우 적절할 것이며, F의 형태가 표현하는 것이 바로 그것인 듯 보인다. 실제로 F의 수직선은 낫자루, 중간선은 손잡이, 맨위의 선은 날을 연상시킨다는 것을 부정하지 못할 것이다. 그러므로 이러한 소묘는 알파벳의 특징을 비록 약식으로 묘사하긴 해도 바람직하게 충실한 묘사이다."

프랑스 학술원의 회원 부아튀르(Voiture)[28]에게, F자의 아름다움은 프랑스(France)라는 단어의 첫 글자라는 사실에 있다. 얼마나 멋진가!

각자의 F1

À chacun son F1

'F+1' 조합은 매우 다양한 분야에서 사용된다.

먼저, 부동산에서 F1(여기에서 F는 '가족의'를 뜻하는 'familial'이라는 단어에서 온 것이다.)은 한 칸짜리 아파트로, 최소한 면적이 $30m^2$ 이상(새 집인 경우)인 아파트를 지칭한다.

다음으로, 잡종 1세대(F1 잡종, F1 Hybrid)는 발육과 생산력을 향상시키기 위해 유전학적으로 변형시킨 식물이다. F는 끝(final)을 지칭하며, 1은 선별된 두 혈통(어머니 쪽과 아버지 쪽)에서 생산된 첫 번째 세대임을 의미한다. 이탈리아의 몬차(Monza) 에 자주 드나드는 사람들은 무엇보다도 '포뮬러 원(Formula 1)'을 알고 있을 것이다. 포뮬러 원은 1946년에 창설된 자동차경주대회로, 초창기에는 '포뮬러 에이(Formula A)'라고 불렀는데, 1950년부터 '포뮬러 원'으로 굳혀졌다. 한편, 컴퓨터 자판의 기능키에서 F1은 어디에 쓰일까? 그 답은 '사용하는 소프트웨어에 따라 다르다'이다. 또 다른 F1, '미라주 에프앵(Mirage F1)'은 프랑스 다쏘(Dassault)사가 만든 요격기이다. 마지막으로 여러분이 만나게 되지 않기를 바라는 F1은 후지타 등급(Fujita Scale) 상의 '소규모' 회오리바람으로, 피해는 제한적이며, 자동차가 전복되고 나무가 뿌리째 뽑히는 정도이다. '가장 세련되고 훌륭한 것 중의 최고(le fin du fin)'는 아마도 F1[29]으로 F1의 사진을 찍는 것이리라.

잡동사니
Fatras

- 2000년대 초, 캐나다 에드먼튼의 한 기자는 〈유럽이 F자와 다툰다〉는 제목의 기사를 썼다. 여기서 그는 상스런 말을 하고 있는 걸까? 아니다, 그렇지 않다. 그저 연방제(fédéralisme)에 대하여 말했을 뿐이다.
- 계량단위 앞에 붙은 소문자 f는 '펨토(femto)'를 의미하는 것으로, 단위를 1015분의 1로 나눈다.
- 당신은 북극권에서 길을 잃었고, 더 이상 먹을 것이 없으며, 배고픔이 당신을 괴롭힌다. 자갈과 나뭇가지를 모아서 땅바닥에 거대한 F자를 만든다. 혹시라도 비행기가 지나가다가 이것을 보면, 당신이 배가 고프다는 것(faim)을 알아챌 것이며, 음식(영어의 food, 물도 포함해서이다.)이 필요하다는 것을 알게 될 것이다. 이것은 지대공(地對空)[30] 국제코드이다. 이런 명확한 경우에는 문제와 해결책의 명칭을 표명하는 일을 해 볼 만하다.
- FFF는 '쇠(ferro)에 의해서, 불(flamma)에 의해서, 굶주림(fame)에 의해서'를 의미한다. 그런데 이는 '더 강한(fortior), 운수(fortuna), 운명(fatom)', 즉 운수와 운명의 정복자이기도 하다. 이들 중 선택을 해야 한다면, 당연히 첫 번째보다는 두 번째 것을 선호할 것이다.
- 16세기 건축물에 샐러맨더(도롱뇽)와 함께 표시된 F자는 프랑수아 1세(François Ier, 1494-1547)를 지칭한다.
- 테오도르 아도르노(Theodor Adorno)는 1940년대 말에 2,000명 가까운 미국인들을 대상으로 한 연구에 따라, 여러 등급별로 권위적 인간성에

대한 이론을 제시하는데, 여기서 F 등급은 파시스트(fascist)적 성향을 가진 사람을 가리킨다.

- 법에서 소문자 f 2개가 함께 쓰이면*(ff),* 유스티니아누스 법전에 나오는 구절을 가리키는 것이다. 이 더블 f를 변형시키고 겹쳐서 §를 만들었으며, 문단을 표시하는 데 여전히 사용되고 있다.
- 글자체에 관해 지나칠 정도로 섬세하게 설명하는 디드로(Denis Diderot, 1713-1784)와 달랑베르(Jean le Rond d'Alembert, 1717-1783)에 의하면, F는 다음과 같이 쓴다. "(...) 이탤릭체와 둥근 서체에서는 o의 여덟 번째, 첫 번째, 두 번째, 겹쳐져 있는 o의 세 옆구리, 그리고 x의 첫 번째 부분의 꼬리."
- 만약 F를 특별히 좋아한다면, 장 부셰(Jean Bouchet, 1476-1550)의 시, 〈희망없이 주눅든 연인*L'Amoureux transi sans espoir*〉을 읽으라. 그 시의 첫 행은 다음과 같다.

> 미친 듯하고 몽롱하고 터무니없고 광적이며
> 부서지기 쉽고 환상적인 거짓된 행운.
>
> *Faulce Fortune, fragile, fantastique*
> *Folle, fumeuse, folliant, follatique*

'F에 속하다'라는 표현은 예전에는 '망한', '파산한' 등, 요컨대 '끝장난'을 의미했다. 만약 당신이 F에 속하지 않는다면, 얼른 G로 가라. (덧

없으니까![31].)

'Être de l'F' signifiait autrefois 'être perdu,
ruiné'... en somme, être fichu.
Si vous n'êtes pas de l'F, filez fissa à G. (D'autant que F est mère!)

---

27. 하지만 바로 이 노디에(Nodier)가 'fleur(꽃)'이라는 단어의 기원이 "꽃 향기가 깨우는 기관에 의해 들이마셔진 공기가 만드는 소리"에 있다고 확언했다. 음... 뭐라고 해야 할까, 덜 '자유분방한' 사전들은 '팡파레'의 기원을 라블레(Rabelais)의 『로마의 팡파레*Les Fanfares de Rome*』에 부여한다.

28. 뱅상 부아튀르(Vincent Voiture, 1597-1648). 17세기 프랑스 시인이자 저술가이며,. 프랑스 학술원 회원이었다. 프랑스어로 'voiture'는 '자동차'를 뜻한다. (역자 주)

29. 니콘 리플렉스 사진기. 1959년에 F 시리즈가 제조되기 시작되었으며, 현재 F6까지 나왔다.

30. '지대공'은 군사용어로 지상에서 공중으로 향한다는 뜻이다. (역자 주)

31. 원문에서는 "F est mère!"(F가 어머니이니까!)》라고 되어 있는데, 이는 읽으면 'éphémère'(덧없는)라는 단어와 같은 발음이 된다. 언어유희를 하고 있는 것이다. (역자 주)

수목재배에 관한 알파벳과 게일어*

ALPHABET ARBORICOLE ET GAÉLIQUE**

A	*alim*	느릅나무 orme
B	*beith, beth*	자작나무 bouleau
C	*coll ou calltuinn*	개암나무 (헤이즐넛) noisette
D	*dair, duir*	떡갈나무(참나무) chêne
E	*eadhan eubh*	사시나무 tremble
F	*feàrn*	오리나무 aulne
G	*gat, gort, gart*	송악 lierre
H	*uath*	산사나무 aubépine
I	*ioda, idho, iubhar*	주목(朱木) if
L	*luis*	마가목 sorbier
M	*muin*	포도나무 vigne
N	*nuin, nion*	서양물푸레나무 frêne
O	*oir, onn*	금작화 genêt
P	*peit, beith bhog*	솜털자작나무 bouleau duveteux
R	*ruir, ruis*	딱총나무 sureau
S	*suil, suil, seileach*	버드나무 saule
T	*teine, teitne, tinne*	호랑가시나무 houx
U	*ur*	히드 bruyère

* 게일어는 스코틀랜드, 아일랜드에 사는 켈트족의 언어이다. (역자 주)

** 잘 알려져 있다싶이, 게일어는 18개의 알파벳으로 이루어져 있다. 몇몇 이론에 의하면, 이 나무 이름 목록은 예전에 알파벳을 순서대로 기억하는 것을 돕기 위한 수단으로 고안되었다. 민속에 관한 요소들이 흔히 그렇듯이, 수없이 다양한 나무이름들이 존재한다. 게다가 각 자음은 달력의 28일을 대표한다.
몇몇 글자는 자신만의 고유한 가치를 지닌다. D는 발정, E는 임종, T는 불이며, M은 흔히 연관 짓기 어려운 두 단어 개념, '오줌 누다(pisser)'와 '가르치다(enseigner)'를 결합한다. 마지막으로 몇몇 글자와 이름은 히브리어와 유사한 점이 있다.

[ʒe]

G의 준비와 관리

Gestation et gestion du G

만약 당신이 이 글자를 발음하는 방법에 대해 의구심이 든다면, 레옹 베즈(Léon Vaise)의 조언이 여기 있다..

"입술을 벌리고, 혀는 들어서 연구개에 갖다대고, 연구개 또한 뒷부분에서 비슷한 동작을 한다. 인후를 통해서건 비강을 통해서건 간에 모든 출구가 그렇게 해서 숨이 막혀 있다가, 성문(聲門)의 조여진 입술들 사이로 숨결이 지나가면서 후두를 울리게 한 후에 그렇게 해서 움직일 수 있게 된 혀가 숨결에 맞서는 그 저항을 나름대로 애를 써서 이겨내고 나서, 일종의 파열에 의해 입으로부터 빠져나온다. 그 때 그 숨결이 딱딱하고 분절된 소리를 만들어내는데, 바-그(bague, 반지), 리-그(ligue, 동맹), 도-그(dogue, 집 지키는 개)의 끝에서 또는 걀(gale, 옴) 게(gai, 유쾌한), 구(goût, 맛), 글뤼(glu, 아교) 그리(gris, 회색) 등의 시작 부분에서 들리는 소리이다."

다음을 반복해 보자 "Le gros gars goulu gobait de goûteuses grenouilles gargantuesques. (르 그로 가르 굴뤼 고베 드 구퇴즈 그르누이으 갸르강테스크. / 게걸스럽게 먹는 뚱뚱한 남자가 엄청난 양의 맛있는 개구리요리를 삼켜댔다.)"

프랑스 학술원의 설립자들 중 한 사람인 프랑수아 부아로베르(François Boisrobert, 1592-1662)는 G를 거의 자기 몸 안에서 체험하다싶이 했다. 그는 프랑스 학술원의 사전을 위한 작업이 더딤을 한탄하며, 다음과 같은 이야기를 한다.

"10년 전부터 우리는 F 항목에 대한 작업을 하고 있다. 운명이 내게 '너는 G까지 살게 될 것'이라고 말했다면, 내게 큰 은혜를 베푸는 일이 되었을 텐데."

지배해야 할 중력
Gravité à gouverner

과학 과목들에서는 G의 중대성을 느끼게 된다. 대문자 G는 '6.67-11 Nm2/kg^{2}의 값을 가진 만유인력상수'를 의미하고(달리 말하자면, '파리에서의 중력의 강도'를 가리킨다.), 소문자 g는 '지구 중력에 의한 가속도'로서 9.81m/s2이다.

만약 이 숫자들이 당신한테는 아무 의미가 없다면, 아마도 당신은 '반중력(反重力, anti-g) 상태에 있어서 그럴 것이다. 당신은 반중력 상태가 되는 복장을 하고 있는가? 내중력복(耐重力服, anti-G suit, 혹은 가속도방호복)은 몸에 꼭 달라붙게 만든 일종의 특수복으로 전투기 조종사나 우주비행사를 위해 만들어진 것이다. 가속도방호복은 전투기나 우주선 등에서의 엄청난 가속 혹은 감속 현상에 저항해야 한다. 그래서 이 옷들이 없으면 조종사의 피가 몸의 아래 부분(특히 넓적다리)과 말단들에 축적되어 뇌에 피가 제대로 공급되지 못하며, 이로 인해 잠시 의식을 잃거나 심지어는 실신할 수도 있다.

두 동물에 대한 생리학적 연구가 좋은

반중력 의복을 찾고 있던 과학기술자들을 제대로 이끌어주었을 것이다. 그 두 동물은 기린(피를 역류시키는 동물이며 이름이 영어로는 giraffe, 프랑스어로는 girafe로서 g로 시작된다.)과 잠자리(빙글빙글 돌며 불규칙하게 단속적으로 이동하는 것을 견디기 위해 기관들이 무중력으로 구성되어 있다.)이다. 그 전에 여러 기술들이 시도되었다.(압축 공기, 액체 등) 잠자리를 모델로 하여 28리터의 액체를 담은 비행복을 고안했었지만 너무 무겁고 실용성이 없었다. 그 이후에 이 비행복은 겨우 2리터의 액체를 담은 것으로 조정되었고, 이 액체는 비행사의 어깨에서부터 발목까지 이어지는 튜브 속에 넣었다.

이 비행복 덕분에 그 사나이들이 중력을 지배하고 여전히 민첩한 상태로 있게 되었다.

중력을 뜻하는 '그라비테(gravité)'가 화가 보나르의 〈심각함*gravité*〉을 통해 완전히 다른 것으로 실행된다. 1906년, 보나르는 알파벳을 이용한 그림 시리즈를 만들기로 결정하고는 어머니에게 편지를 썼다. "저는 '애정 어린 알파벳'을 만들 겁니다. 제목이 예쁘지 않나요? 각 글자마다 열정, 마음상태를 의미하면서 그 글자로 시작되는 단어를 하나씩 연결지어서 친숙한 작

은 장면들을 통해 그런 열정이나 마음상태를 그려보일 겁니다. (…)" G의 그림에는 〈심각함〉이라는 제목이 붙여졌다. 보나르가 몇몇 글자만 해내고 그 기획을 계속하지 못해서 사람들은 아쉬워할 것이다. 예쁜 알파벳 책자가 되었을 텐데…

G의 영광과 장대함

Gloires et grandeurs du G

> "당신은 왜 프리메이슨 단원이 되었습니까?
> G자를 알기 위해서입니다."

프리메이슨 단체에서 펠로우 크래프트(동료 기술자) 계급의 교리문답에서 발췌한 질문-답변이다. G가 '동방대종단(Grand Orient)'에 필수적인 힘을 갖고 있음을 우리는 알고 있다. 그것에 대한 저서인 『글자 G *La lettre G*』[32]가 있다. 이 책의 저자는 알파벳 글자들의 순서에 대한 고찰로부터 시작하여 G의 중요성을 이해하기 위한 몇 가지 실마리를 제공한다.[33]

A	B	C	D		
E	F	G	H		
I	J	K	L	M	N
O	P	Q	R	S	T
U	V	X	Y	Z	

이 표에 관한 설명을 보자. "세 번째열의 테두리쳐진 글자들은 강하건 부드럽건 간에 모두 같은 후두분절음을 갖고 있다. 게다가 이 글자들은

모두 같은 뿌리를 갖고 있으며, 세대, 권세, 지식을 의미하는 명사들을 형성하는 데 사용되었다." 저자는 계속해 나가다가 본질적인 것에 이른다. "G는 권세, 힘, 원인에 관한 관념을 표현한다. 민족들은, 옳건 그르건 간에, 자연적인 원인을 의인화하고 (...) 신격화하는 경향이 늘 있다. 그 때문에 시리아 사람들은 'Gad'라고 말하고, 스웨덴 사람들은 'Gud', 독일 사람들은 'Gott', 영국 사람들은 'God', 페르시아 사람들은 'Goda'라고 말하는 것이다. G는 브라만들 사이에서 수(數)의 신이자, 학교들과 학회들의 수호신인 '가네샤(Gannès)'의 이니셜이기도 하다. 프랑스어에서는 '큰(grand)', '총체적인(général)', '거대한(gigantesque)'이라는 단어들도 권세에 대한 관념을 표현한다.

나는 G나 Gh를 뿌리로 가지는 단어들의 대부분에서, 이 글자에 숭배, 권세 또는 지식에 관한 관념이 결부되어 있었다는 지속적인 인상을 여러분에게 주고 싶었을 뿐이다. 수많은 프랑스어 단어들에서 그 반대의 경우가 존재하는 것 같다며 내게 반박할 수도 있을 것이다. 예를 들어 gaga(얼빠진), gâteux(망령이 든), ganache(우둔한), grimace(찌푸린 얼굴), grue(헤픈 여자), garce(고약한 여자) 등..."

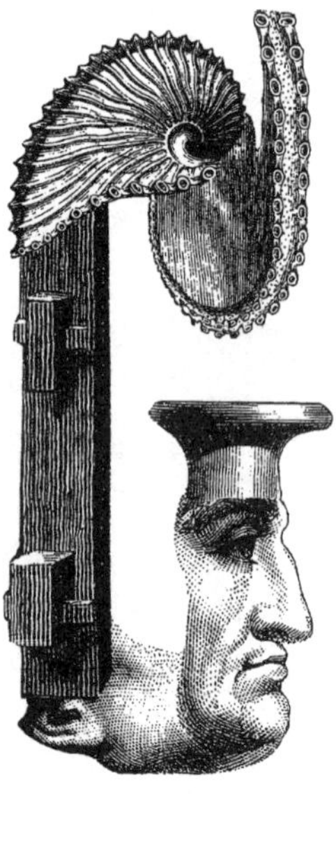

그런데 당신은 내게 반박하지 않을 거죠?

모차르트는 프리메이슨 단원이었고, 여러 해 동안 로지를 드나들었다. 1784년에 자선(慈善) 로지에 다녀오자마자 작곡한 4중주 K464(쾨헬 464)에는 입회의식 동안의 자신의 발자국 소리에 해당하는 리듬을 도입했다. 이는 제3계급(신참 후견인, 동료 기술자, 석공)의 발구르기에 해당하는 기악 편성이며, 마지막 음은 제1바이올린에 의해 도달되는 가장 높은 음인 '솔'(독일 음표로는 G)로 하였다. 모든 것이 상징이다.

G가 잔뜩
G à gogo

- 공증인들에게 A, B, C 등의 부호들은 일람표에 꼭 나타나 있어야 하는 다양한 대상들을 의미했다. 전통적으로 공증인(또는 그의 서기)은 자신에게 G라는 부호를 부여했다. '나는 갖는다'를 의미하는 프랑스어 'j'ai'의 발음이 알파벳 G의 발음과 같기 때문이다. G는 그렇게 해서 G는 그가 자기 소유로 하게 될 사소한 대상물들을 표시했다.
- G는 프랑스어 알파벳에서 두 가지 다른 소문자 형태가 있는 흔치 않은 글자들 중의 하나이다. 이 두 가지 형태는 g와 g이다.
- 여러분은 왜 프랑스어에서 예전에는 renouille라고 쓰던 '개구리'라는 단어에 G(학자들은 이를 '비어원적인' G라고 규정한다)를 더해서 grenouille로 쓰게 되었는지 아는가? 나도 모른다.

● 프랑스에서 스트링(string, T팬티)이라고 부르는 것을 어떤 곳에서는 G-스트링(G-string)이라고 부른다. 이에 대해 어떤 사람들은 G가 '생식기의(génital)'라는 단어에서 온 G라고 하기도 하고, 또 어떤 사람들은 바이올린의 솔의 현(絃)에 해당한다고 설명한다. (모차르트에 관한 이야기 때 이미 언급되었던 그 G이다.).

● 악보에서 높은음자리표의 기원이 되는 것이 바로 G자이다. G의 한쪽 끝이 오선의 두 번째 줄 근처에서 주변에서 곡선을 그린다.

● G7은 우리가 알다시피 1975년부터 정상끼리 모이는 서방 7개국이다. 그런데 프랑스에는 G7이 또 있다. 나폴레옹의 손자인 앙드레 발레브스키(André Walewski) 백작이 세운 G7 택시회사이다. 7명의 창업 동업자들이 누구였는지에 대해서는 역사가 기록해 두지 않았다. 반면, G7 회사의 택시들이 '라 마른느 택시'라는 거대한 편대에 참여하여 1914년에 수천 명의 군인들을 실어 날랐다는 것에 대해서는 역사에 기록되어 있다.

● 미국에서 'G-맨(G-man)'이란 용어는 속어(슬랭)로서, FBI 요원, 즉 'Government man'(국가 공무원)을 지칭한다. 그렇다면 G.I.는? 이 미국 군대 호칭의 기원이 되었을 법한 표현들은 매우 많다. General Issue(일반 현안), General Infantry(일반 보병), General Invasion(전면 침공), General Inspector(감찰감), Government Inductee(정부 징집병), Gastro-intestinal Inspector(소화기관 검사관), Galvanized Iron(전기도금강철, 양철). 이 중에서 하나를 골라야 한다면, 가장 신중하게 생각한 사람들은

맨 마지막을 고를 것이다. 왜냐하면 양철은 20세기 초에 미국의 수많은 군장비 제조에 도입되었던 것 같으니까.

- 아리스티드 브뤼앙(Aristide Bruant, 1851-1925) 시절의 은어에서 G는 분별력(jugeotte, 쥐조트)을 의미했다. 'GG가 좀 있다(avoir du GG)'는 '멍청하지 않다'를 의미했다[34].
- 산부인과 의사였던 에른스트 그라펜베르크(Ernst Grafenberg)는 1950년에 여성의 가장 민감한 부분에 자신의 성(姓)의 이니셜인 G를 제공했다. 그 이후로 어느 세대이건 사내들은 그 'G-spot'만 찾으려 든다. 그라펜베르크를 찾으려는 게 아니라…

프랑수아 부아로베르는 G 항목을 완성할 때까지 살고 싶어했다. 우리는 H 항목까지 살게 될까?

---

32. 저자는 에두아르 드 리보쿠르(Edouard de Ribaucourt).

33. 프랑스 알파벳에 정말로 늦게 도입된 글자인 W가 이 표에 없는 것이 눈에 띌 것이다. 하지만 'wolof(월로프 종족)'이란 단어가 어느 조항의 글에 나타나 있는 것을 보면 W를 편의상 뺀 것이 아닐까 하는 생각을 하게 된다.

34. 프랑스어에서 GG와 jugeotte는 비슷한 발음처럼 들린다. (역자 주)

다이아몬드의 알파벳*

ALPHABET ADAMANTIN

A	사용되지 않음
B	사용되지 않음
C	4 C
D	Exceptional White + (예외적인 백색 +)
E	Exceptional White (예외적인 백색)
F	Rare White + (희귀한 백색 +)
G	Rare White (희귀한 백색)
H	White (백색)
I	Slightly tinted White (약간 흐린 백색)
J	Slightly tinted White (약간 흐린 백색)
K	Tinted White (흐린 백색)
L	Tinted White (흐린 백색)
M	Tinted Colour (흐린 유색, jaune très pâle 매우 희미한 황색)
N	Tinted Colour (흐린 유색, jaune très pâle 매우 희미한 황색)
O	Tinted Colour (흐린 유색, jaune très pâle 매우 희미한 황색)
P	Tinted Colour (흐린 유색, jaune très pâle 매우 희미한 황색)
Q	Tinted Colour (흐린 유색, jaune très pâle 매우 희미한 황색)
R	Tinted Colour (흐린 유색, jaune très pâle 매우 희미한 황색)
S	Tinted Colour (흐린 유색, jaune pâle 희미한 황색)
T	Tinted Colour (흐린 유색, jaune pâle 희미한 황색)
U	Tinted Colour (흐린 유색, jaune pâle 희미한 황색)
V	Tinted Colour (흐린 유색, jaune pâle 희미한 황색)
W	Tinted Colour (흐린 유색, jaune pâle 희미한 황색)
X	Tinted Colour (흐린 유색, jaune pâle 희미한 황색)
Y	Tinted Colour (흐린 유색, jaune pâle 희미한 황색)
Z	Tinted Colour (흐린 유색, jaune pâle 희미한 황색)

* 다이아몬드 세공사들은 그들만의 알파벳을 가지고 있다. A와 B는 쓰이지 않는다. C는 다이아몬드 평가의 4가지 기준인 4 C, 즉 영어의 커팅(cut), 캐럿(carat), 투명도(clarity), 색상(colour)에서 온 것이다. 나머지 알파벳은 색상 단계를 정의하기 위해 쓰이는데, 처음에 나올수록 좋은 것이다. 유색 다이아몬드는 이 등급분류에 포함되지 않는다.

[aʃ]

H에 대한 망설임
Hésitations sur H

H자는 문법학자들을 동요시켰다. 몇몇 문법학자들에게 H는 글자가 아니었다. 알파벳에서 H의 존재는 일종의 시적(詩的) 파격이었다. H의 글자로서의 성격을 인정하는 학자들 사이에서도 의견이 나뉘는데, 어떤 학자들은 H자가 자음이라고 보는 반면, 어떤 학자들은 들숨과 날숨의 기호일 뿐이라고 주장한다. 또 어떤 학자들은 H를 덧붙이는 것이 다른 글자의 발음에 확고함과 활력을 주어 무게를 실어 준다고 보았다. 어쨌든 식민지를 한창 넓혀가던 시기인 1885년, 프랑스 정부는 알제리의 모든 지리명들의 어미(語尾)에서 활개를 치던 H자를 없애버리기로 결정했다.

H에 의해 괴롭힘 당하는 여인들
Harcelées par H

오래 전에는 'H자로 표시되다(être marqué à l'H)'라는 표현이 '얻어 맞다'를 의미했다. 왜 H인가? 이 표현은 아마도 때리고 부딪히는 것과 관련된 명사들 중 많은 수가 충돌(heurt), 구타(horion), 도끼(hache), 창(haste) 등과 같이 H로 시작된다는 오래된 암시에서 비롯된 것으로 보인다. 1508년에 여인들은 선술집과 카바레가 금지된 것에 대해 기뻐했다. 그렇게 됨으로써 여자들이 얻어맞는 일이 줄어들었고, 'H로 표시되는' 일이 줄어들었기 때문이라고 그녀들은 말하곤 했다.

H의 기음(氣言)
Aspirations du H

루키아노스의『글자들의 대화』에서, H가 끼어들며 한마디 한다.

"사람들이 그 거대한 문자 제국을 아무리 칭송한다 해도, 그 제국에서 제가 소유한 것이 아무것도 없으면, 저에게는 그 제국이 여전히 아주 작을 것입니다. 누가 저보다 더 정당하게 '명예(Honor)'를 갈망할 수 있겠습니까? 그런데 제가 여기 있는데도 사람들은 제가 말하는 것을 원치 않습니다. 그래서 저는 다른 기회들에서 저를 사용하며 몹시 투덜댄 나머지 목이 너무나 쉬어버려서, 제 목소리는 더 이상 들리지 않고 기가 완전히 꺾이고 말았습니다. 모음들은 자기들끼리 저를 무시해버리고, 자음들은 저를 배척합니다. 그리고 제가 진실을 말해봤자 아무소용 없습니다. 사람들이 제 예언(Almanac)[35]을 더 이상 원하지 않고 있습니다. 그래서 저는 그저 애통해하는 사람들의 입에서 외에는 존재가 거의 없습니다. 제가 이 모든 모욕을 생각해보면, 제가 물러갈 수 있게 해달라고 여러분에게 부탁하지 않을 수가 없습니다. (...)"

토론 진행자인 '용법'은 이렇게 대답한다.

"우리는 H의 건방짐을 처벌하기 위해, H가 평생토록 유기음(有氣音)을 내면서 아무것도 얻지 못하게 되기를 바랍니다."

볼테르는 유기음 H(유음 H)에 대해 단호한 의견을 갖고 있었다. "나는 유음 h들을 좋아하지 않는다. 유음 h를 발음하면 흉곽이 아프다. 나는 듣기에 기분 좋은 음을 선호한다."

프랑스어에서 구체적인 사례를 들어보자. 왜 우리는 남주인공을 지칭하는 'héros'라는 단어에서는 h를 발음하고, 여주인공을 의미하는 'héroïne'에서는 발음하지 않는가? 몹시 피곤케 하는 이 질문은 보줄라에 의해 연구되었다. 그는 이를 설명하기 위해 작은 이론을 완성했다. 더욱이, 이 설명은 그의 『고찰 *Remarques*』에서 첫 번째 고찰을 구성한다. 보줄라에게 'hérault'(전령)는 일상적인 단어이고, 'héros'(남주인공)는 학자들이 사용하는 단어였다. 'héros'의 발음이 'hérault'의 발음을 따르게 되었을 테고, 화자(話者)들은 그 두 단어의 의미를 혼동하기까지 했을 것이다. "이때문에 소설이나 영웅시의 héros(남주인공)에 대해 말하면서 그를 hérault(전령)이라고 부르는 사람들이 있다." 보줄라는 모든 점에서 영웅들(les héros)을 무능한 자들(les zéros)과 비슷하게 만드는 "유감스럽고 우

스꽝스런 동음이의어"에 주목케 한다. 반면, 접미사의 존재가 상황을 완전히 바꿔 놓는다. '여주인공'이라는 단어 'héroïne'을 어떤 단어와 혼동할 수 있겠는가? 보줄라의 시대에는 이 단어와 혼동될 단어가 전혀 없었다. 마약의 이름인 '헤로인'은 1903년에 와서야 프랑스에서 자리를 잡았다. 이제 마무리를 해보자. 어떤 사전들은 그 마약의 이름이 본래 남주인공(héros)의 격정과 그 마약을 복용하는 사람이 얻게 되는 흥분이 유사하기 때문이라는 점을 지적한다.

H의 안식처
Havres du H

들이쉬고, 내쉬고, 때로는 사라지기까지 하는데도 불구하고, H는 애초에 주어지지 않던 자리들을 얻게 되는데, 특히나 모음 V의 사용에서 비롯된 혼동 때문이었다.(V 항목을 볼 것.)

예를 들면 다음과 같다.

- 프랑스어 고어(古語)의 'huis'(문)는 라틴어 'ustium(입구)'에서 온 것이다. 발음상 프랑스어에서 H가 필요하지는 않지만, 나사를 의미하는 'vis'와의 혼동을 막기 위해 H자를 덧붙였다.
- 프랑스어에서 숫자 8을 의미하는 huit의 H도 마찬가지로 설명된다.

'vit'(살다, vivre의 3인칭 단수형)이나 'vite'(빨리)와의 혼동을 막기 위한 것이다. 또 13세기에는 uistre 혹은 oistre라고 쓰이던 굴도 H를 붙여 huître로 쓰면서 'vitre(유리창)'과 쉽게 구별할 수 있게 해주었다. 마찬가지로, 'huile'(기름)은 그렇게 해서 'vile'(비루한)과 혼동되지 않게 되었다.

- 'hurler'(소리지르다)와 'hululer'(새가 울다)의 H는 그 기능이 전적으로 표현적이고 의성어적인 것으로, 본래 라틴어에서는 H가 없다.

Hs
H S

매우 중요한 질문 하나. H는 어디에 쓰이는 것일까? 다음 두 인용문에 의하면 H는 어디에도 쓸모가 없다.

우선, 프루스트(Proust)는 다음과 같이 설명한다.

"나는 장(Jean)이란 단어를 어떻게 쓰는지 알고 싶었는데, 드 빌파리지(De Villeparisis) 여사의 조카가 보낸 편지를 받고서야 알게 되었다. 그는 편지에 귀족연감(Gotha)에 기록된 세례명 그대로 H자와 함께 써서 '장 드 빌파리지(*Jehan* de Villeparisis)'라고 서명하였다. 기도서나 스테인드글라스에 진홍색이나 군청색으로 채색된 감탄스런 H자와 마찬가지로, 그 아름다운 H자는 문장(紋章)에나 쓰이는, 아름답지만 쓸모 없는 것이었다."

거의 1세기가 지난 후, 현대 사회에 대한 다른 전문가(브리스 드 니스,

Brice de Nice)[36]도 비슷한 평가를 한다. "넌 아와이(Hawaï)[37]의 H와 같아. 쓸모가 없어."

H의 의복들
Habits de H

- 예전의 일부 문법학자들에게는 H가 '자음들의 대비마마'였다. H자가 자음들에게 활력과 선명함, 그리고 새 삶을 마련해주었기 때문이다. 그것은 틀림없는 사실이다! 그렇게 갖춰진 P(philosophie, 철학)를 생각해보고, 그렇게 해서 한쌍이 된 C(charisme, 카리스마)를 주시해보고, 그렇게 해서 풍부해진 R(rhétorique, 수사학), 그렇게 해서 극적이 된 T(théogonie, 神統系譜學)를 고찰해 보라!
- H(수소)폭탄은 서글프게 유명하다. 이 일에 관해 아인슈타인의 책임이 언급되었을 때 그가 했을 말은 덜 알려져 있다. "만약 [나의 연구 때문에 이런 폭탄을 사용하는 결과를 빚게 될 줄] 알았더라면, 나는 차라리 시계공이 되었을 것이다."
- 알파벳 시인 바르텔르미(Auguste Marseille Barthélemy, 1796-1867)는 말했다. "h가 부엌의 장작 받침쇠(chenet), 걸쇠(crochet), 갈고리(harpon)에 해당되는다는 것을 나와 함께 인정하세요."

- 또 어떤 사람들은 H자의 형태가 도끼의 형태라는

의견을 내놓는다. 인정하시나요? 페렉(Georges Perec, 1936-1982) 또한 다음과 같은 글을 쓰면서 다른 유형의 시련에 대한 암시를 하고 있다고 생각된다. "역사(Histoire)는 자신의 커다란 도끼와 함께..." (『W, 어린 시절의 추억*W, ou le souvenir d'enfance*』).

- 미셸 레리스(Michel Leiris, 1901-1990)는 페렉의 의견에 동조하여 "H는 'hache'(도끼)의 동음이의어로서([aʃ]), 두 개의 수직기둥 사이로 가로 날이 미끄러지는 모양이 단두대 같다"고 말한다.
- 과학의 각 분야마다 고유의 H가 있다. 열역학자들에게는 엔탈피 H(내부에너지 E에 압력 P와 부피 V의 곱을 더한 값)이고, 양자물리학자에게는 '플랑크 상수 h'(즉 6.6260876x10-34)이며, 생화학자에게는 '히스티딘(histidine, 염기성 아미노산'), 기계정비사에게는 '해밀턴연산자'이며, 그보다 더 평범하게, 전기기술자들에게 h는 '헨리(자기감응계수의 단위)'이다.
- 독일 음표는 '도레미파솔라시도'보다는 A부터 H까지의 알파벳을 사용한다. 따라서 바흐는 재미삼아 자신의 이름에 들어가는 글자들의 음계, 즉 B, A, C, H로 푸가를 작곡하였다.[38] 로베르트 슈만은 비슷한 방법으로 〈바흐의 이름에 따른 6개의 푸가〉를 작곡하여 바흐에 대한 경의를 표했다.
- H에 관한 광고 마케팅 이력에서는 'H 약품'[39]이라고 불리는 제품 때문에 심각한 제약이 초래되었다. 심지어 예전의 비타민 H조차도 이를 견디지 못했다. 그래서 오늘날에는 '비타민 B8'이라는 이름으로 통한다.

'H에 의한 것과 같다'라는 말이 예전에는 '우연(hasard) 같다'의 표현방식이었다. 그러나 우리가 I를 향해 가려는 것은 순전히 고의로 그러는 것이다.

35. 본래는 Almanach인데, 여기서는 일부러 h를 빼고 Almanac을 사용하여 h의 처지를 돋보이게 하고 있다. (역자 주)

36. 〈브리스 드 니스〉는 2005년 개봉된 제임스 허스(James Huth) 감독, 장 뒤자르댕(Jean Dujardin) 주연의 코믹 영화로, 영화의 제목은 주인공의 이름이다. 주인공 브리스는 프랑스의 니스에 살면서 파도타기를 꿈꾸는 엉뚱한 프랑스 청년으로(지중해는 파도가 잔잔하여 파도타기가 불가능하다), 그가 펼치는 좌충우돌 모험기를 통해 현대사회의 아이러니와 그 안에서 사는 프랑스 젊은이들의 모습을 우스꽝스럽게 과장하여 그리면서도 그들이 꿈과 희망을 잃지 않았으면 좋겠다는 작은 바람을 보여준다. (역자 주).

37. 프랑스어에서 '하와이'의 H는 발음하지 않는다. (역자 주)

38. 바흐의 〈푸가의 기법〉에 포함된 18개 중 17번째.

39. 치질 환자들이 바르는 크림.

알파벳 순서에 따라*

ALPHABET PRÉFIXAL

A	près ce vers... je recommence.	이 행 다음에... 나는 다시 시작합니다.
B	nissez mon courage immense:	나의 엄청난 용기를 축복하소서.
C	parti pour un autre tour,	이제 다음 판이 벌어졌습니다.
D	vidons un nouveau discours	새로운 이야기를 펼쳐봅시다..
E	crit avec le dictionnaire,	사전을 가지고 글을 씁니다,
F	ort peu révolutionnaire.	별로 혁신적이지 못한 글을요.
G	parcouru tout l'alphabet,	나는 모든 알파벳을 훑어보았습니다,
H	té des bouquins au rabais	할인된 책들을 샀습니다.
I	nédits au Quartier latin.	라틴 구역에서는 처음 보는 것들입니다.
J	ai pensé soir et matin...	나는 아침 저녁으로 생각했습니다.
K	cette lettre à nous offrir?	이 글자가 우리에게 무엇을 제공해야 할까요?
M	rons-nous la quatorzième?	우리는 14번째를 좋아할 것인가?
N	orme haine? Eh, non, on l'aime!	엄청난 증오? 아니, 아닙니다, 사람들은 그를 사랑합니다.
O	tant que cet objet tout rond	완전히 동그란 이 물건 만큼이나
P	taradant, le fanfaron	폭음을 내고, 팡파레를 울리고,
Q	de-jatte, malgré huit pieds	여덟 개의 다리들에도 불구하고 앉은뱅이
R	avi de ces vers pompiers...	이 과장된 시에 매혹되고…
S	accompli? Est-ce complet?	완성됐나요? 완벽한가요?
T	léphonez moi, s'il vous plaît	전화 주세요, 부탁 드리겠습니다
U	niquement en matinée:	오전에만요.
V	nus m'occupe après dîner...	저녁식사 후에는 비너스가 나를 차지하니까요...
W	rification... Bien.	두 번 확인.... 됐어요.
X	itez-vous, car c'est la fin:	기뻐하세요, 이제 끝이니까요.
Y	me causant souci	Y가 근심을 일으켜서
Z	ai décidé de clore ici.	여기서 끝내기로 했어요.

* 장 소트롱(Jean Sauteron)은 먼저 각 행의 마지막 글자가 알파벳 A에서 Z까지의 순서대로 끝나는 시를 한편 지은 후, 이렇게 각 행의 첫 글자가 알파벳 순서로 시작하는 시를 지었다 (『단어의 모든 값진 것*Tout l'or des mots*』, 클로드 갸니에르(Claude Gagnière)).

[i]

동일성의 개입

Immixtion identitaire

플라톤은 I의 소리가 섬세하며 파고드는 것들을 표현한다고 주장했다. 이는 뾰족하게 하다(aiguiser), 절개하다(inciser), 슬그머니 암시하다(insinuer), 끼어들다(s'immiscer), 걸러내다(filtrer), 톱으로 자르다(scier), 웃다(rire), 고함치다(crier)와 같은 단어들에 I가 들어가는 것을 설명해 줄 것이다. 고대의 여러 민족들에게 알파벳 I는 신성(神性), 불변성, 진실, 선함, 완벽함과 창조를 의미하는 것이었다. 가장 작은 알파벳 글자에게 이렇게 많은 책임이 지워지다니!

프랑스어에서는 I와 J가 오랫동안 나뉠 수 없는 하나의 글자였다. U자와 V자처럼, I와 J도 모음 또는 자음이라는 두 가지 해석이 존재했다. 그래서 오늘날 우리 눈에는 옛날 사전을 보는 일이 상대적으로 힘들다. 왜냐하면 I와 J(모음 I와 자음 I)로 시작되는 단어들이 함께 섞여 있기 때문이다. 예전의 알파벳 순서의 예를 보자. jambe(다리), ibis(이비스 새), jeu(놀이), ignorer(모르다), instrument(도구), joailler(보석세공업자), isthme(지협), jumelle(여자 쌍둥이) 등의 순으로 되어 있었다.

디드로 씨와 달랑베르 씨는 자신들의 세계에 더 이상 부합하지 않는 이 고리타분한 결합에 의문을 제기했다.

“(…) 우리의 선조들은 라틴어 알파벳을 채택하면서 그 안에서 우리의 ‘je(1인칭 주어)’ 발음에 해당하는 글자를 전혀 찾지 못했다. 라틴민족들은 우리 선조들에게 자음 i를 알려주었고, 그것을 단어 ‘je’를 통해서밖에 발음하지 못했다. 그들은 이로 인해 라틴어 i를 사용할 필요성을 끌어냈다. ‘i’의 소리를 위해, 그리고 ‘je’의 발음을 위해서였다. 그러므로 그들이 모음 i와 자음 i를 구분하는 것은 옳은 일이었다. 그렇지만 우리가 같은 언어를 어떻게 계속 간직하겠는가? 우리의 표기법은 변했다. 인쇄국(印刷局)은 우리 글자들의 진정한 이름들을 가르쳐주지만 우리는 그것들을 채택할 만큼 합리적이 되지 못한다. 그럴 용기가 없는 것이다. 『백과전서』는 너무나 합리적인 변화를 성공적으로 도입하기에 가장 적절한 저서임에 틀림없었지만, 보편적으로 쓰이고 있는 용법을 그렇게 직접적으로 거스르면 허세에 빠진 것처럼 보일까봐 두려웠다. 최소한 여기서나마 내가 이 두 글자를 구분하고, 우리 알파벳에서의 실제적인 모습대로 제대로 매겨놓을 수 있으면 좋겠다. 아마도 대중은 이 책의 두 번째 판본이 나올 때, 아니면 그 체계를 채택할 수 있을 다른 사전이 나올 때쯤이면 그 알파벳 체계의 전면적인 실행을 받아들일 준비가 좀 더 되어있을 것이다.”

이 글을 통해, I와 J에 관한 사안을 둘러싸고 사소한 갈등이 있었던 것 같다는 점을 느끼게 된다. 역사의 진상은, 이 두 글자로 시작되는 단어들이 『백과전서』의 한 장(章)에 삽입되어 있다는 것이다. 오늘날까지 『백과전서』의 개정판은 없었다. 반면, ‘대중’은 19세기 후반부터 이 알파벳 체계의 ‘전면적인 실행’을 받아들일 자세를 보인다. 디드로와 달랑베르의 표현들을 다시 사용해서 말해본다면 말이다.

I자에 대한 또 다른 반감은 Y이다. 동사들(예를 들어 employer 동사의 인칭변화에서 j'emploie)에서 Y와 I 사이의 끝없는 왈츠는 조제프 데상브르(Joseph Décembre, 1836-?)와 에드몽 알로니에(Edmond Alonnier, 1828-1871)를 짜증나게 했다. "이 기이한 현상의 기원에 대해 누가 말해줄 것이며, 특히 누가 사라지게 만들 것인가?" Y에 대해서는 더 많이 알게 될 것이다.

옹호할 수 없고 점잖지 못한 I
Indéfendable, Indécent

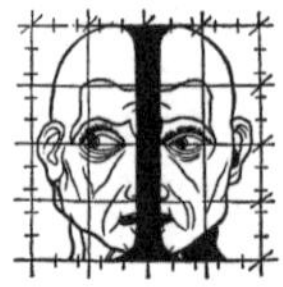

세리프(로마자 활자의 위 아래 수평 돌출선)가 없는 현대의 I자는 때때로 알아보기 어렵다. 왜냐하면 I는 단순한 수직선과 비슷할 뿐만 아니라 L의 소문자와 쉽게 혼동될 수 있기 때문이다. 1980년대에, 미국의 화려한 잡지 〈베니티 페어 *Vanity Fair*〉의 편집장은 기자들에게 I로 시작하는 단어로 기사를 시작하지 말 것을 요구했다. 당시 각 기사의 첫 단어의 첫 글자를 커다란 알파벳 글자로 시작하는 것이 전통이었는데, 세리프가 없는 활자로 인쇄할 경우 매우 커다란 대문자 I는 그저 장식선으로 보일 수 있기 때문이었다. 그럼, 표현의 자유는 어디로 가는 걸까?

I자와 J자가 구별되기 전에는 누군가를 욕하려면 '대단한 이프(grand if)'로 취급하면 되었다. 'if'란 말은 자음 I와 F의 조합이다. 무슨 뜻인지 모르겠다고? 이런 망나니(jean-foutre) 같으니라고!

중요한 정보
Informations importantes

- 십자가의 꼭대기에 쓰인 'INRI'는 'Iesus Nazarenus Rex Iudaeorum'(나자렛의 예수, 유대인의 왕)을 의미한다.
- 에스페란토어의 부정법은 언제나 i로 끝난다.
- 위대한 마술사 로베르-우댕(1845년 파리 얘기다.)은 자신의 공연을 위해 암호 하나를 만들었다. 이 암호에 따르면 I는 하트, M은 다이아몬드, S는 클로버, V는 스페이드이다. 이렇게 그의 조수들 중 한 명이 아무것도 아닌 양 "날씨가 좋군요.(Il fait beau.)"라고 하거나 혹은 "사람들이 많네요.(Il y a du monde.)"라고 하면, 이 문장을 시작하는 I자는 마술사가 짐작해서 맞추어야 하는 카드가 하트라는 것을 의미했다.
- I자는 "작고(petit), 귀엽고(joli), 착한(gentil) 모든 것을 표현한다".
- 우리가 이오타(*iota*, 프랑스어 알파벳의 I에 해당하는 그리스 알파벳의 이름)를 쓴 것은 성경을 번역하던 때로 거슬러 올라갈 것이다. 이를 확인하기 위해 산에서 만납시다. (마태복음 5장18절의 산상수훈)
- 다이아몬드의 색은 D에서 Z까지의 등급으로 나뉜다. (58쪽 참조) 만약 당신 자신을 위해 다이아몬드를 하나 사고 싶다면, D와 I 사이에서 선택하라. 그러나 그 이상 넘어가지는 말라. I는 정말로 점잖음의 경계선이다!
- 소문자 i 위의 점은 지금으로부터 7세기 전에 만들어낸 것으로, 비교적 최근의 일이다. 점을 덧붙인 것은 이 글자를 비슷한 세로획 글자들 사이에서 식별이 더 잘 되도록 해주었다. 그렇지 않으면, 'inuium(무심한)' 같은 단어는 중세 서체로 썼을 때 작은 수직선 11개가 이어지는 것으로 구

성되어 전체적으로 거의 읽을 수가 없었을 것이다. 다른 전략은, I를 Y으로 대체하는 것 (즉 ynuyum으로 쓰는 것) 이었는데, 그렇게 쓰니까 읽기가 상당히 쉬워졌다.

- 알파벳 I자와 숫자 1이 매우 닮았기 때문에, 이 글자는 알파벳 글자들로 암호화된 목록들에서 자주 제외된다.
- 도덕경은 말한다 "눈으로 보아도 보이지 않으므로 이름지어 이(I, 夷)라 하고, 귀로 들어도 들리지 않으므로 이름지어 희(HI, 希)라 하며, 잡으려 해도 잡을 수 없으므로 이름지어 미(OEI, 微)라 한다. 이 셋은 혼돈이고 불명료하므로 하나가 될 뿐이다. 이것이 도(道)의 '기강(紀綱)'이라 불리는 것이다."(노자의 도가사상)

I자가 없으면 '사랑한다(aimer)'는 것이 '씁쓸한(amer)' 일이 될 거라고 단언하며 마치도록 하자.

발음된 알파벳*

ALPHABET PRONONCÉ

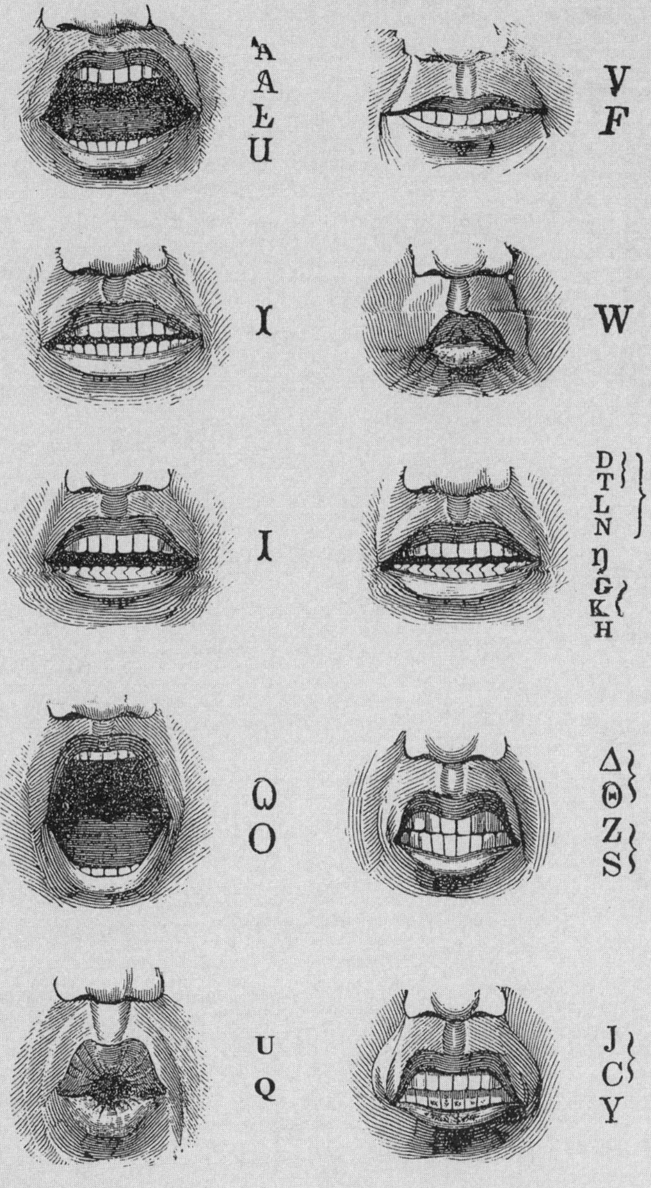

* 1846년 출간된 앤드류 컴스탁(Andrew Comstock)의 『음운학개론』에 소개된 발음.

[ʒi]

J, 예전에는...

J, jadis

바로 앞에서 배운 대로 J와 I는 '모음 I'와 '자음 I'라는 명칭으로 오랫동안 뒤섞여 쓰였다. J가 알파벳에서 정당한 자리, 아마도 나중에 허용될 자리가 있다는 것을 확언한 백과전서파의 통찰력을 당신은 분명히 높이 평가했을 것이다. 그들은 이 점에서 바로 자신들의 보수주의에 대해 불편해했다. 독자적인 J를 만드는 것에 대해 포르-루아얄의 권고를 언급하면서 그들은 J에 대한 프랑스만의 정당성에 주목케 한다. "이 글자는 프랑스 알파벳에 고유한 것이라고 할 수 있다. 우리가 알고 있는 모든 고대언어들 중에서 그 어느 것도 J가 나타내는 발음을 사용한 언어가 없었고, 근대 언어들 가운데서도 몇몇 언어가 그 발음을 사용하긴 하지만 다른 방식으로 발음된다.(예를 들어 이탈리아에서 *jardino, jorno = giardino, giorno*) 스페인 사람들은 우리의 활자를 채택했지만 우리하고는 다른 것을 의미한다."

백과전서파가 그럼에도 불구하고 I로 시작되는 단어들 가운데서 J로 시작되는 단어들을 변경하여 I의 형태로 J자(그 시대에는 'ige[iːʒ]'로 발음되었다.)를 신게 놔둔 것은 마지못해서 그런 거였다.

16세기에 네덜란드의 식자공들은 그들 나름대로 독자적인 J를 자신들의 활자통에 이미 들여놓았다.(아마도 그들의 언어에서는 I의 두 형태가 나란히 있는 경우가 자주 있었기 때문인 것 같다.) 이 때문에 J자가 한동안 '네덜란드의 I'라는 이름으로 불렸었다.

이 글자가 이렇듯 힘들게 인정받고 비교적 오래되지 않아서, 피에르-앙투안 드 피이스가 "J는 자리 자리를 놓고 다투고(jouter), 떠들어대고(jaser), 도박하고(jouer), 맹세한다(jurer)."고 쓴 것일까?

청소년들이 굶고 있다.
Les jeunes jeûnent

제2차 세계대전으로 인한 식량문제 때문에 프랑스에서는 1940년부터 배급표가 생겼다. 수많은 카테고리들 중에서 청소년들과 관련된 카테고리에는 세 등급이 있었다.

J1: 3세 이상 6세 미만의 남녀 어린이

J2: 6세 이상 12세 이하의 남녀

J3: 13세 이상 21세 미만의 청소년과 임신한 여성.

1942년에 로제 페르디낭(Roger Ferdinand)은 〈J3 청소년들*Les J3*〉이라는 제목의 연극을 만든다. 3년 후, 로제 리슈베(Roger Richebé)는 같은 제목의 영화를 개봉한다. 두 경우 모두 학업보다는 암시장에 더 전념하는 청소년들의 일상을 다루었다.

정당화된 기쁨?

Jouissance justifiée?

영국 과학자 찰스 바클라(Charles Barkla, 1877-1944)는 J선을 발견한 공로로 1917년에 노벨 물리학상을 받았다. 오늘날 물리학자들은 이 현상이 존재하지 않는다는 것에 합의하고 있다. 인간은 실수하기 마련이다.(Errare humanum) 바클라는 X선은 물론 K선, L선, M선을 잘 알고 있었다.(T선은 말할 것도 없다.) 그는 1920년 노벨상 수상식에서 한 연설(제1차 세계대전 동안 노벨상 시상식은 열리지 않았다)에서 자신의 연구에 대해 언급하면서 "J형 광선 방출의 직접적인 증거는 예비실험 때 생각했던 것보다 실은 얻어내기가 훨씬 힘들다는 것이 드러났다"고 고백한다. 그는 자신의 발견물이 존재하지 않을 수도 있었으리라는 점마저 인정했다. 방사선 관련 이론들이 J선에 자리를 내어주지 않았으니 말이다.

그렇지만 실수를 하면서 과학이 진보한다는 것을 우리는 안다.[40]

바클라가 〈특성 X선에 관한 연구〉로 노벨 상을 받았다는 것을 오늘날 우리는 확인할 수 있다.

재잘거림
Jacasseries

- 알파벳의 다른 글자들은 로마의 금석학에서 유래된 데 반하여, J자는 중세 필경사의 펜 끝에서 소문자로 태어났다.
- 에스페란토어에서 마지막에 오는 J자는 명사와 형용사의 복수형을 나타내는 기호이다.
- 미립자 J(우리는 지금 우주 물질의 기초를 이루는 소립자 중의 하나인 쿼크(quark) 이야기를 하고 있는 중이다)의 이름은 1974년에 그 존재를 밝혀낸 과학자 새뮤얼 팅(Samuel Ting)이 지은 것이다. 그는 J의 형태가 '팅'처럼 발음되는 한자(丁)와 비슷하게 생겼다는 이유 때문에 이 명칭을 선택했다.
- 현대 이탈리아어에는 J로 시작되는 고유 어휘는 없다. 'jazz'처럼 다른 언어들에서 뒤늦게 빌려온 단어들만 이 규칙에 어긋난다. 웨일스어도 J에 반항적이다.
- 국제천문학연맹(IAU)이 관리하는 다양한 별들의 명칭을 결정하는 복잡한 장치는 J를 제외한 모든 알파벳 글자들의 조합들을 이용한다. J가 일관성 있게 빠지게 된 이유는 천문학 역사의 오랜 연대기들 속 어디에 있는지 알 수가 없어서 수수께끼로 남아 있다.

- 프랑스어와 같은 발음체계를 갖고 있지 않은 민족들은 J의 발음을 힘들어한다. 독일인들이 그런 경우다. 라

인강 너머 주민이 "주 느 쥐주 자메.(Je ne juge jamais, 나는 결코 심판하지 않아요.)"라고 하는 대신 "슈 느 쉬슈 샤메."라고 말하는 일이 드물지 않다.(모리스 라 샤트르) 같은 맥락에서 마르셀 프루스트(Marcel Proust)는 자신의 등장인물들 중 한 사람으로 하여금 "퐁슈르 마탐 라 마르키즈."[41] 라고 말하게 하였다.

- AZERTY 자판과 QWERTY 자판에서 J 키(key)에는 작은 돌출부가 있어서 칠 때 만져진다. 집게 손가락을 여기에 두면, 우리는 자판을 보지 않아도 손가락들을 제 위치에 놓을 수 있다.(왼손 집게손가락은 F이다.)

나는 사랑한다[42]
J'aime

"J", 나의 히아신스, 나의 자스민
나의 벽옥, 나의 비취
1월의 황수선화, 나의 기쁨
보석 같은 시간을 내 정원에서

«J», ma jacinthe, mon jasmin
Ma jaspe du Japon, ma jade
Jonquille de janvier ma joie
Joyau du jour en mon jardin

"J" 물 단지, 우유 사발
즐거운 목요일에는 단식
흑옥 같은 볼, 쌍둥이 다리
6월의 노란 질투.

"J" jarre d'eau jatte de lait
À jeun jeudi de jouissance
Joue de jais jambes jumelles
Jalousie jaune de juin

7월에는 묶어놓은 짚단들
투창과 시합 지팡이
청춘의 정글의 경기
예전에는 예수의 정의
금혼식의 멍에가 너무 좋다고
젊었을 적 난 결코 생각지 않았네.

En juillet les javelles jointes
Javeline et joncs de la joute
Jeu de la jungle juvénile
Jadis justice de Jésus
Jeune jamais je n'ai jugé
Si joli joug de jubilé.

이브 가스크(Yves Gasc, 1930-)

J의 속박이 당신을 갑갑하게 한다면, K로 달려가야 한다는 얘기다!

---

40. N선(Nancy의 N)과 관련된 이야기를 알려면 N 항목 참조.
41. 본래는 "봉주르 마담 라 마르키즈(Bonjour, Madame la marquise.)"라고 해야 한다. (역자 주)
42. 이 시는 모두 J로 시작되는 단어들로 구성되어 있다. (역자 주)

유럽의 알파벳들*

ALPHABETS EUROPÉENS

독일어	ABCDEFGHIJKLMNOPQRSTUVWXYZ
영어	ABCDEFGHIJKLMNOPQRSTUVWXYZ
불가리아어 (키릴자모)	АБВГДЕЖЗИЙКЛМНОПРСТУФХЦШЩЪьЮЯ
덴마크어	ABCDEFGHIJKLMNOPQRSTUVWXYZÆØÅ
에스파냐어	ABCCHDEFGHIJKLLLMNÑOPQRSTUVWXYZ
에스토니아어	ABCDEFGHIJKLMŅOPQRSŠTUVWÕÄÖÜXY
핀란드어	ABCDEFGHIJKLMNOPQRSTUVWXYZÅÄÖ
프랑스어	ABCDEFGHIJKLMNOPQRSTUVWXYZ
아일랜드 게일어	ABCDEFGHILMNOPRSTU**
그리스어	ΑΒΓΔΕΖΗΘΙΚΛΜΝΞΟΠΡΣΤΥΦΧΨΩ
헝가리어	AÁBCCsDDzDZSEÉFGGYHIÍJKLLYMNNyOÓÖŐPRSSzTTYUÚÜŰVZZS
이탈리아어	ABCDEFGHIJKLMNOPQRSTUVWXYZ
레트어 (라트비아)	AĀBCČDEĒFGĢHIĪJKĶLĻMNŅOPRSŠTUŪVZŽ
리투아니아어	AĄBCČDEĘĖFGHIĮYJKLMNOPRSŠTUŲŪVZŽ
말트어	ABĊDEFĠGGħHĦIIEJKLMNOPQRSTUVWXŻZ
네덜란드어	ABCDEFGHIJKLMNOPQRSTUVWSY(Ij)Z
폴란드어	AĄBCĆDEĘFGHIJKLŁMNŃOÓPQRSŚTUWXYZŹŻ
포르투갈어	ABCDEFGHIJLMNOPQRSTUVXZ**
루마니아어	AĂÂBCDEFGHIÎJKLMNOPRSŞŢUVXZ
슬로바키아어	ABCDDZEFGHCHIJKLMNOPQRSTUVWXYZ
슬로베니아어	ABCČDEFGHIJKLMNOPRSŠTUVZŽ
스웨덴어	ABCDEFGHIJKLMNOPQRSTUVWXYZÅÄÖ
체코어	AÁBCČDĎÉĚFGHCHIÍJKLMNŇOÓPRŘSŠTŤUÚŮVYÝZŽ

* 그렇다. 유럽연합은 다음과 같이 27개 국가에 23개의 공식언어가 있다. 독일, 오스트리아, 벨기에, 불가리, 키프로스, 덴마크, 에스파냐, 에스토니아, 핀란드, 프랑스, 그리스, 헝가리, 아일랜드, 이탈리아, 라트비아, 리투아니아, 룩셈부르크, 말트, 네덜란드, 폴란드, 포르투갈, 루마니아, 영국, 슬로바키아, 슬로베니아, 스웨덴, 체코 공화국.

* 빠진 글자들은 다른 언어들에서 빌려온 단어들에서만 나타난다.

[ka]

문화
Kultur

K자는 그리스인들 사이에서 일찍부터 평이 나빴다. K자는 빨갛게 달군 쇠로 '중상 모략한 사람들(kalumnia)'의 이마에 새겨졌는데, 이는 그들을 처벌하기 위해서였을 뿐만 아니라 그들이 소송 제기를 다시 하는 것을 막기 위해서이기도 했다. 로마인들은 나중에 K를 채택하긴 했지만 거의 사용하지 않았다.

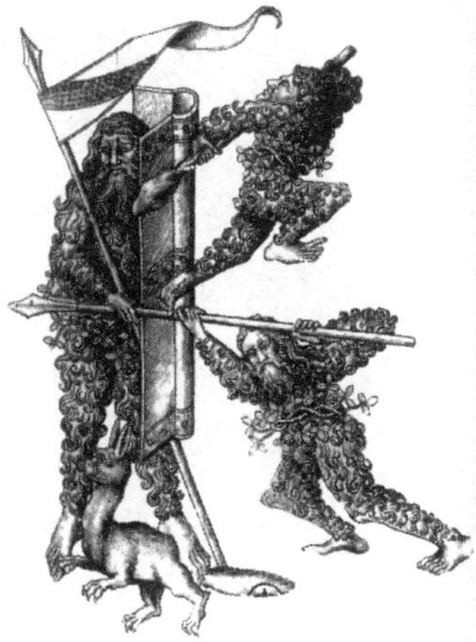

16세기의 프랑스 식자-제판공이던 조프루아 토리는 K자에 오래도록 몰두했다. 그렇게 한 이유는 K의 특별한 형태 때문이기도 했다. 그는 "두 개의 K는 선(善)의 단 하나의 힘에 맞서는 악의 두 개의 힘을 의미한다."는 그리스의 속담을 언급하였다. 사자와 여우에 둘러싸인 어린 양이 상상될 것이다. 그리스어에서 'kakos'가 '악(惡)'을 의미한다는 사실에서 비롯된 것일까?

디드로와 달랑베르는 프랑스어에서 지리 용어를 제외하고는 K가 거의 쓰이지 않는다는 사실에 주목케 하면서, K 항목의 처음을 다음과 같이 시작했다. "따라서 K 항목에 없는 지명(地名)은 C장에서 찾아야 한다. 만약 이 두 글자로 찾지 못하면, 그것은 별로 중요하지 않은 장소들로, 그 존재가 의심스러우며, 이 책의 증보판에서는 빼버려야 할 것들이다". 우

리는 K로 시작되는 이름을 가진 도시의 시장(市長)들이 연합하는 것을 상상해볼 수도 있겠다. 이 연옥(煉獄)에서 자기네 도시들을 빼내려 시도하는 시장들의 연합 말이다. 캠루프스(Kamloops)에서부터 키티먼(Kitiman)을 거쳐 카트만두(Katmandou)까지의 연합전선! 말하자면 카르텔(kartel)!

앙리 드 포르주(Henry de Forge)가 프랑스 학술원에 보낸 편지를 통해 판단해 보면, K자에 대한 관심은 제1차 세계대전 때문에 더 없어졌다.

"문인이면서 전선에 동원된 자로서 프랑스 학술원에 충심으로 제 요망사항을 표명하게 되어 영광입니다. 그 요망사항은 존경스런 회원분들께 다음과 같은 사실을 고려해 주십사하는 부탁입니다. 요컨대 K는 프랑스어의 문법적인 역할에서 거의 소용없는 것으로 여겨지고 있고, 사용을 하자니 특히 독일어의 소산이라는 부정할 수 없는 허물을 갖고 있어서 이제 프랑스의 알파벳으로부터 삭제되고, 경우에 따라서는 C나 QU로 대체되고 있습니다."

그러나 앙리 드 포르주만 K에 대해 걱정하는 것이 아니었다. 카프카(Kafka, 아마도 숙명이었을 듯), 나츠메 소오세키(Natsume Sôseki), 카지 모토이로(Kajii Motojirô), 미셸 롱게(Michel Longuet), 바실리스 바실리코스(Vassilis Vassilikos) 등은 K가 중심적인 역할을 하는 작품들을 집필했다. 디노 부자티(Dino Buzatti) 역시 그랬다[43].

카카-오
KK-O

『글자들의 대화』에서 사모사타의 루키아노스는 K가 말하도록 놔둔다.

"(…) 사람들이 저를 무시하고, 제가 불평하려 할 때마다 그러지 못하게 무한히 밀쳐버렸기 때문에 저는 프랑스를 떠나 북쪽으로 가서 자리 잡기로 결심했습니다. 거기 가면 봉토들과 도시들 중에서 한 몫 얻게 되겠지요."

이에 대해 토론 상대자였던 '문법'이 대답한다.

"K를 내쫓아버리는 문제에 대해 얘기하는 것이 어제 오늘의 일이 아닙니다. 그런데 우리가 이 사안을 심의에 올릴 때마다 몇 가지 중요한 이유 때문에 저지되었습니다. 저로서는 수수께끼들을 위해서라도 최소한 그 글자를 간직하자는 의견입니다. 수수께끼에서는 K가 아주 대단한 효과를 발휘합니다."

그러자 '용법'이 말한다.

"(…) 우리는 K에게 알파벳 영역에서 지금 물러나라고 명령합니다."

트레킹의 K
K en trekking

K2, 좋다! 하지만 K1, K3와 kompagnie는? 아시아로 가보자, 그리고 1856년으로 거슬러 올라가자.

영국 대령 토머스 몽고메리(Thomas Montgomery)는 삼각법을 이용하여 카라코룸(Karakorum, 현재의 파키스탄과 중국 사이에 위치한 산맥)을 측량 수치들에 따라 산 정상마다 번호를 매기기로 결정한다. 그가 명명한 5개 봉우리들 중 현재 K2만 그 이름을 간직하고 있고, 다른 4개는 이제 마셔브룸(Masherbrum), 브로드 픽(Broad Peak), 가셔부룸 II(Gasherbrum II), 가셔부룸 I(Gasherbrum I)이라고 불린다. 다른 산악인들은 20세기 말까지 K로 된 명칭들을 계속 사용했다. 세계에서 에베레스트 다음으로 높은 산인 K2 정상은 이탈리아 등반대에 의해 1954년에야 정복되었다. 그런데 K2에게도 다른 이름들이 있긴 하다. 답상(Dapsang), 초고리(Chogori), 심지어 고드윈-오스틴(Godwin-Austin)이라는 이름으로도 불리는데, 고드윈-오스틴은 몽고메리와 함께 등반했던 한 동료의 이름이다.

기습작전을 위한 키트
Kit pour blitzkrieg

불꽃놀이를 규제하는 법규는 불꽃놀이들을 카테고리 별로 분류한다.

카테고리 K1은 별로 위험하지 않아서 미성년자들에게 팔아도 되는 것들을 모두 가리킨다.(다른 카테고리들은 미성년자에게 금지되어 있다.) 그렇지만 장난감이나 식품류와 뒤섞여 있어서는 안 된다고 명시되어 있다. 이 카테고리에는 폭죽, 쏘아올리는 불꽃, 꽃불, 마법의 분수와 양초가 포함되어 있다.

K1보다 더 강력한 카테고리 K2(작은 분출, 불꽃놀이쇼)를 사용하는데 있어서는 특별한 자격이 필요하지는 않지만, 안전수칙과 사용설명서를 매우 주의 깊게 읽을 것이 요구된다.

더 큰 규모의 카테고리 K3에는 포탄, 축전지, 쏘아올리는 불꽃 등이 들

어간다. 이것들을 사용하기 위해 교육을 받아야 하는 것은 아니지만, 사용법에 정해진 규정을 존중하는 것이 절대적으로 필요하다. 어떤 경우에는 이 유형의 불꽃놀이를 하려면 관할기관에 신고해야 한다.

총 35kg 이상의 활성물질을 포함하고 있는 불꽃놀이들은 K4에 분류되어 있다. 이 카테고리에 속하는 것들은 'K4 그룹의 여흥 불꽃놀이 발사 자격증'을 가진 불꽃놀이 전문가에 의해서만 수행될 수 있다. K4 불꽃놀이들은 모두 사전에 관할기관에 신고되어야 한다.

고대 종교들에 따르면, 벼락 맞은 옷에는 K자를 새겨야 했다. 어떤 사람들에게는 그런 옷이 벼락을 맞음으로써 성스러워졌기 때문이고, 또 어떤 사람들에게는 그런 옷이 부정을 타서 불길해졌기 때문이다. K는 두 경우에 다 적용되었다. 왜 하필 K인가? 벼락을 뜻하는 그리스어가 '케라우노스(keraunos)'이기 때문이다. 불꽃놀이들을 분류한 자들이 그리스 전문가들이었나?

K의 경우
Kas de K

- 수학에는 'K3'라고 불리는 면적의 카테고리가 존재한다.(그러나 K1이나 K2는 없다) 1954년에 그 이름을 붙인 프랑스 수학자는 유머도 적절성도

빠짐없이 갖추었다. 왜냐하면 그 이름이 세 명의 수학자(쿰머Kummer, 켈러Kähler, 코다이라Kodaira)과 카슈미르에서 같은 해 정복된 K2 정상을 동시에 영예롭게 할 것이라고 그가 확언했으니 말이다.

- K-레이션(K-ration, 야전휴대식량)은 2차 세계대전 동안 미군에 의해 만들어졌다. 1 레이션은 3,726 칼로리를 함유한다.
- 공동체의 정체성을 확고히 하기 위해 각 시크교도는 어떤 순간이든 '5K' 계율에 충실해야 한다. 5K는 케쉬(kesh, 깎지 않은 머리카락과 수염), 카다(kada, 오른 팔목에 차는 쇠팔찌), 키르판(kirpan, 단검), 캉가(kangha, 터번 아래에 지니고 다니는 나무 빗), 카쉬(kash, 반바지)이다. 칼사(Khalsa)는 입문한 시크교도의 정통 공동체를 지칭하는 말이다.
- 고유의 프랑스어는 그 어떤 단어에서도 K를 보이지 않는다. 기껏해야 rikiki(보잘것없는), Pékin(베이징)처럼 프랑스어의 qu가 재미삼아 k로 바뀐 경우가 몇몇 있을 뿐이다. K가 어떤 언어들을 통해 프랑스어에 왔을까? 알레마니아어(képi, 군모), 독일어(kitsch, 키치 스타일의), 영어(knock-out, 넉아웃), 아랍어(souk, 시장), 중국어(kaolin, 카올린), 헝가리어(shako, 보병의 원통형 군모), 에스키모어(anorak, 모자 달린 방한 재킷), 일본어(karaté, 공수도), 네덜란드어(kermesse, 자선바자), 포르투갈어(teck, 티크 목재), 러시아어(oukase, 절대적 명령), 터키어(kiosque, 정자, 가두판매점) 등이 있다. 키오스크(Kiosque)는 K로 시작되는 단어들 중 프랑스어에 처음 받아들여진(1608) 단어이다.
- 피에르 라루스(Pierre Larousse, 1817-1875)는 자신의 시대에는 가장 독특한 철자법이 가장 현학적인 것으로 여겨진다는 것에 주목케 하고, 외래어들에서 처음에 나오는 C가 K로 대체되는 경향을 확인한다. "곧 보자, 아르캉주(arkange), 카농(kanon), 퀼로트(kulotte)!"[44]라고 그는 빈정거렸다.

- 0° K(절대 0도), 즉 켈빈(Kelvin) 0도는 섭씨(Celsius) −273.16도에 해당한다.
- 음악에서는 K(köchel, 쾨헬)가 루드비히 폰 쾨헬(Ludwig von Köchel)이 작성한 목록에 따라 모차르트의 작품들을 식별한다. 스칼라티(Scarlatti)의 작품들도 K자가 붙어 정리되어 있는데, 여기서는 그 목록을 만든 랠프 커크패트릭(Ralph Kirkpatrick)의 이름에서 온 것이다.
- 1929년에 헨리크 담(Henrik Dam)이 발견한 비타민 K의 K자는 덴마크어의 '응고(koagulation)'에서 온 것이다. 비타민 이름이 단어의 첫 글자에서 오는 것은 흔치 않은 일이다.
- 미국인 찰스 올슨(Charles Oslon)이 지은 〈The K〉라는 제목의 시에서 K자는 발기와 함께 표현되는 것으로 여겨진다. 아니, 이런! 보다 점잖은 예를 들어 보자. 바르텔르미에 따르면 K는 "동양이 우리의 문자에 투입시킨 글자이며, 어느 칸(khan, 元首)의 노예가 취하는 겸손한 자세를 글자 모양 속에 간직하고 있다." 라몬 고메스 데 라 세르나(Ramón Gómez de la Serna, 1888-1963)에게 있어 K는 그저 단순히 "지팡이에 기대는 글자"일 뿐이다.

K에 대한 연구는 K의 가장 큰 주주(株主)인 카프카(Kafka)와[45] 더불어 마무리하자. 카프카는 "나는 K자가 불쾌하고 거의 구역질나기까지 한 것 같다."고 단언했다. L로 가면서 K를 피하면 되었을 텐데!

---

43. 이 작가들의 작품들이 모두 프랑스어로 출간되었다!

44. 본래는 archange(대천사), canon(교회 정경政經), culotte(짧은 바지 또는 뻔뻔한 사람)으로 쓰인다. (역자 주)

45. 카프카의 『성(城)』이라는 작품의 주인공이 이름 대신 'K'로 지칭된다는 점에서 이렇게 말한 것 같다. (역자 주)

문학의 알파벳*

ALPHABET LITTÉRAIRE

Les Joueurs du A (A 리그의 선수들)	Alfred E. Van Vogt
Pour refuge B (B 대피소를 위하여)	Jean-Claude Villain
L'Abbé C (C 수도원장)	Georges Bataille
Lettre à D (D에게 보낸 편지)	André Gorz
E	Jacques Roubaud
Moi, Christiane F, 13 ans... (나, 크리스티안 F, 13살...)	K. Herman, H. Rieck, L. Marcou
G comme gibier (지비에(사냥감)의 G)	Sue Grafton
H	Philippe Sollers
Poème du I (I의 시)	Ilse Garnier
JF partagerait appartement (JF는 아파트를 같이 쓸 것이다.)	John Lutz
Le K (The K)	Dino Buzzati
L M	Frann Bokertoff
M comme militaire (밀리테르(군인)의 M)	Bernard Docre & Patrick Mars
N ou M? (N 혹은 M?)	Agatha Christie
Histoire d'O (O의 이야기)	Pauline Réage
La P... respectueuse (존경스런 매춘부)	J-P. Sartre
La véritable histoire d'Ah Q (아큐정전)	Lou Sin
R comme Rodin (로댕의 R)	Hélène Pinet, Marie Sellier
S/Z	Roland Barthes
A l'heure du second T (두 번째 T의 시간에)	Fred
U2	Daniel Grau
V	Pierre Péan
W ou le souvenir d'enfance (W 혹은 유년의 기억)	Georges Perec
X	Christian Vilà
Y	Serge Quadruppani
Petit inventaire excentrique du Z (Z의 엉뚱한 소목록)	Jean-Luc Henning

* 저자는 알파벳이 제목에서 중요하게 쓰인 문학작품 목록을 A~Z의 순서대로 정리하였다. 왼쪽 열은 작품제목, 오른쪽 열은 작가 이름이다. (역자 주)

[ɛl]

L의 '룩'(look)에 대한 괴상망칙한 전설들

Légendes loufoques sur le look du L

두운(頭韻)의 기세 속에서, 옛날 사람들은 L을 'literam longam', 즉 '긴 글자'로 규정했다. 희극 작가로 유명한 플라우투스(Plautus)는, 사람의 몸이 목에 매달려 있으면서 다리는 뻗어 나와 이렇게 '긴 글자'의 형태를 만든다고 설명한다.

16세기에 조프루아 토리는 L자의 기원들에 대해 완전히 달리 이해하면서, 예를 들어 증명해 보인다. 다음은 현대어로 바꾸어놓은 그의 설명이다.
"나는 7개 학예과목들 중 하나인 천문학의 한 형상을 통해 L의 수평 막대기의 이유를 보여주고 싶으며, 그렇게 함으로써 이 글자가 알파벳의 한가운데이자 배꼽이라는 것도 증명해 보이고 싶다. 예전에 L자는 고대인들에 의해 인간의 신체와 관련하여, 그리고 9월에 '리브라(Libra)'라고 불리는 것처럼, 천칭자리 하에서의 태양과 인체 그림자와의 관계 하에 고안되고 그려졌다. 나체의 남자가 다리를 모으고 태양 아래 서 있는데, 이 남자가 천칭자리에 놓이게 될 때 L자 모양을 하게 된다."

오늘날의 사람들은 토리의 이론에 문제제기를 하고 싶어 하면서, 그의 시대에조차 L은 알파벳의 한가운데 위치하지 않았다고 주장할 것이다. 그리고 9월의 태양에 의해 투영되는

그림자가 모든 곳에서 다 똑같은 것은 아니라고 덧붙일 것이다. 그리고 '배꼽'이라는 단어가 알파벳에는 적절치 못하다고 생각할 것이다. 하지만 존경스런 토리를 그런 식으로 공격한다면, 우리는 알파벳과 문자의 위대한 탐험가들 중 한 명의 생각에서 얻는 이득을 잃게 될 것이다.

L과 그녀들, 아주 합법적으로
L et elles, en toute légalité

1843년 미국 정부, 더 정확히 하자면 WPB(War Production Board, 戰時生產委員會)는 L-85법령을 공포했다. 의복제조에 사용되는 섬유들에 관한 이 법령은 민간의 천연섬유 소비를 제한하기 위한 것이었으며, 특히 군대가 사용하는 섬유들이 관련돼 있었는데, 모직물(군복 외투), 면직물(군인 제복), 실크(낙하산)가 그런 것들이었다. 게다가 의상 디자이너들이 새로운 컬렉션을 출시하지 않도록 유도했다. 이 때문에 디자이너들은 의상 제조를 위한 원단들을 바꿀 필요가 생겼을 테고, 추가 비용이 들었을 것이다. 여성의 실루엣은 변하지 않았던 것 같다. 지난해의 의복들은 큰 변경 없이 입을 수 있었던 것 같으니까. 의상 디자인 회사에 들어간 디자이너들은 여성들에게 남편의 양복을 여성용 정장으로 바꾸는 데 필요한 정보들을 제공했다.

치맛단은 5cm로, 치마폭 둘레는 184cm로 제한되었고, 재킷의 길이는 66cm를 넘어가면 안 되었다. 블라우스에는 접은 장식을 한 소맷부리

나 이중바대, 둥근 옷깃, 요란한 주름 장식, 후드도 달면 안되었다[46].

그렇지만 L-85법에도 몇 가지 예외는 있었다. 웨딩드레스, 출산복, 아기옷, 성직자복, 수의는 이 법령의 적용에서 제외되었다. 인생에서 중요한 순간만큼은 제대로 입기 위해서랄까.

찬양할 만한 글자, 애통한 글자
Lettre louable, lettre lamentable

이 L자는 말을 얼마나 아름답게 만드는가!
느린 그녀가 여기서 흐르고, 저기서는 가벼운 그녀가 날아간다.
물결의 유연함이 그녀를 통해 표현된다.
우리가 그 스타일을 좋아하면 이어서 그녀가 그것을 다듬는다.
모음이 부드러운 색으로 물들고
낱말들과 어우러지고 나니, 각 문장을 적시는
반짝이는 기름이다. 그리고 빽빽한 문지르기는
완화제를 통해 자음들을 파괴한다.

Combien cette lettre L embellit la parole!
Lente, elle coule ici; là, légère, elle vole:
Le liquide des flots par elle est exprimé:
Elle polit le style, après qu'on l'a limé.
La voyelle se teint de sa couleur liante.
Se mêle-t-elle aux mots, c'est une huile luisante.
Qui mouille chaque phrase, et par son lénitif
Des consonnes détruit le frottement rétif.

문자 전문가인 피에르-앙투안 오귀스탱 드 피이스의 인상적인 운문이다. 이보다 덜 서정적이긴 하지만 고메스 드 라 세르나는 L자가 "자기 옆에 있는 글자를 발로 차는 것처럼 보인다."고 표현하였다.

유연한 글자의 위도
Latitudes de la lettre liquide

모리스 라 샤트르는 많은 점에서 순수주의자였는데, '습음(濕音) L'[47]의 발음에 대해서도 그랬다.

"파리사람들은 습음 l의 분절음을 발음할 줄 모른다. 그들은 이를 단순한 i나 i-i, 혹은 y으로 바꾸어 발음한다. 예를 들면, '더 좋은'이라는 뜻의 meilleur를 mé-ieur로, 지폐를 의미하는 billet는 bi-iet로, bouteille(병)은 bouté-ye로, payer(지불하다)는 pa-ye로, fille(여자애)는 fi-ye로, piller(약탈하다)는 pi-ier로, Versailles(베르사이으)는 Versa-ye로 발음한다. 반면, 대부분의 지방사람들, 특히 지중해 연안 사람들은 이를 완벽하게 발음한다. 이 발음은 결국 큰 논쟁을 일으키게 된다. 우아함, 세련미, 아름다운 언어의 전통은 테아트르-프랑세(Théâtre-Français, 프랑스의 대표적 연극 극장)에서 순수하게 보존되었다는 것이 오래 전부터 인정되어 왔다. 테아트르-프랑세의 고전적인 전통은 습음 l을 지중해식으로 발음하고 싶어 한다. 다른 한편, 프랑스 최고의 문법학자들과 어휘학자들은 파리사람들의 그릇된 발음을 공식적으로 비난한다. 사실 이 발음을 채택하면 어리석게도 프랑스어를 빈약하게 만들어서 덜 다양하고 덜 조화롭게 만드는 결과를 초래하게 될 것이다. 습음 l은 보통의 l이나 모음 i와 y와도 완전히 구별되는 발음이다. 망설이지도 않고 꾸밈없이 말해보자면, l이 겹쳐서 i 앞에 오면 언제나 습음으로 발음된다. 단, 1) 'ill'로 단어가 시작하는 경우, 2) 'illaire' 'illation'으로 단어가 끝나는 경우, 3) 동사 distiller(증류하다), vaciller(흔들거리다), scintiller(반짝거리다), osciller(흔들리다), 4) Gille(질), codicille(사령장), Achille(아킬레스), Dille(딜, 도시 이름), mille(숫자 1,000), pupille(피후견인), tranquille(평온한), papille(짚), ville(도시), pusillanime(소심한), 그리고 여기에서 파생된 단어들은 제외된다."

이 글을 쓴 때는 1865년이었다. 오늘날 (그리고 북위 45도 아래 지역에서), 모리스 라 샤트르의 법칙 3과 4는... L 안에서 퇴색하였다[48].

언어학자들의 돋보기 아래서의 L

L sous la loupe des linguistes

라틴어에서 프랑스어로 넘어가면서 L은 때때로 U로 대체되었다. 예를 들면, '잘못된'을 의미하는 falx는 faux로, 손바닥을 의미하는 palma는 paume으로, 방향성 식물을 뜻하는 balsamum은 baume로, '다른'을 의미하는 alter는 autre로, 라틴어로 백목질인 alburnum는은 프랑스어에서는 aubier로 바뀌었다.

또한 라틴어 단어의 맨 앞에 오는 L은 프랑스어로 넘어오면서 사라지고, 어찌 보면 l'로 대체된 것이다. 예를 들면, lazurd는 l'azur(쪽빛)로, lonce는 l'once(온스)로 바뀌었다.

프랑스어 내에서조차 L은 다른 글자에 자리를 양보하는 경우가 흔하다.

예를 들면, coutel, corbel, oisel, ormel, alberge는 각각 couteau(칼), corbeille(바구니), oiseau(새), ormeau(어린 느릅나무 혹은 전복), auberge(식당 겸 여인숙)로 바뀌었다.

반면, L은 몇몇 경우에 순수한 어원의 관점에서 그 글자에 자리가 전혀 없던 곳에서 인정받는 데 성공했다. 예를 들면, lierre(l'ierre, 송악), loriot(l'oriole, 꾀꼬리), luette(l'uette, 목젖), lendemain(l'endemain, 다음 날), landier(l'andier, 갈고리 달린 받침쇠)가 있다.

랑다시즘(lambdacisme)[49]은 L자를 발음할 때 계속 머뭇거리고 습음을 잘못 내는, 발음 상의 나쁜 습관이다. 이 고뇌는 랄라시옹(lallation, 혀 짧은 소리)이라는 이름으로도 알려져 있다.

LNNOPY. 만약 이 문장을 해석했다면[50], M으로 넘어갈 것을 제안한다[51].

---

46. 남성복 역시 L-85법의 적용을 받았다. 재킷의 앞자락은 한번만 겹쳐져야 했고, 쓰리피스 정장은 투피스 정장)이 되었다.(조끼가 빠지니까.) 주름바지도 안되고, 단이 접힌 바지도 허용되지 않았다.

47. [ij]로 발음되는 L. (역자 주).

48. 퓌르티에르(Furetière)는 로마자에서 L이 50을 의미하기 때문에, 50세 이상인 사람은 이미 젊지 않으므로 이 사람은 'L에서 한방 먹다'고 해석될 수 있다고 설명한다. 여기서 L은 로마숫자 50일 수도 있으며, 또한 L과 동음이의어인 elle(여성)이나 aile(날개)로 해석될 수도 있다. 퓌르티에르가 살던 시대에 인간의 평균 수명은 프랑스에서 30세가 채 못 되었다.

49. l을 'll'처럼, R를 l처럼 발음하는 따위. (역자 주)

50. LNNOPY는 "Hélène est née au pays grec ([엘렌 에 네 오 페이 그렉], 엘렌은 그리스에서 태어났다)"을 소리나는 대로 쓴 것이다.

51. 'invitation A pas C A M'은 'inviation à passer à M', 즉 'M으로 넘어가도록 청한다'이다. (역자 주)

유기적 알파벳*

ALPHAGET ORGANIQUE

* 샤를 드 브로스(Charles de Brosse, 1709-1777)는 각 소리를 만들어낼 때 입술, 목, 치아, 코의 움직임을 코드화해야 한다고 생각했다. 여기에 소개된 것은 자음이다.

[ɛm]

엄마의 M, 아빠의 M

M comme maman, M comme papa

영유아기를 연구하는 언어학자들은 부모들과 마찬가지로 아기들이 처음 내는 소리 중의 하나가 M이라는 것을 알고 있다. 이것은 엄마(maman)에게는 잘된 일이다.(하지만 아빠(papa)도 그리 운이 없는 것은 아니다. 왜냐하면 P도 아기들이 일찍부터 내는 소리 중의 하나이기 때문이다). 그리고 이러한 사실은 여러 나라에 해당된다.

mutter	독일어	mater	라틴어
Mother	영어	emak	말레이시아어
Ama	바스크어	ma	만다린어
Moder	덴마크어	moeder	네덜란드어
Madre	에스파냐어	mor	노르웨이어
Madar	페르시아어	mor	파슈토어(아프가니스탄)
Emo	핀란드어	mãe	포르투갈어
máthair	게일어 (아일랜드)	ma	케츄아어 (인디안)
Meter	고대 그리스어	mat'	러시아어
Mataa	구자라트어	matr	고대 산스크리트어
makuahine	하와이어	majka	세르비아어
Ema	히브리어	moder	스웨덴어
Mataji	힌두어	mama	스와힐리어 (아프리카)
móəir	아이슬란드어	matka	체코어
Madre	이탈리아어	me	베트남어

인도유럽어들에서 '어머니'를 가리키는 단어들과 '가슴'을 가리키는 단어들 사이에 어떤 연관성이 밝혀지기도 했다. 아주 대단한 언어학자인

걸, 우리 아기!

중세에 민간에 퍼져 있던 믿음에 따르면, 언셜(uncial)체로 쓰인 M자(다음 페이지 참조)는 인간의 얼굴을 나타내는 것으로 여겨졌다. 이에 따르면, M은 코, 두 개의 둥근 눈썹과 광대뼈들을 형성했다. 여기에 눈을 나타내는 O를 양 옆에 덧붙이면, 'OMO'(라틴어로는 '인간'을 뜻하는 homo)라는 단어가 되었다. 단테도 이 이론을 알고 있었던 게 분명하다. 그의 『신곡』에서 연옥 편(Purgatorio) 23절에 다음과 같은 글이 나오니까.

> 그들의 눈은 모두 어둡고 움푹 패여 있었다,
> 얼굴은 창백하고 너무 야위어서
> 피골이 상접하였다.
> (.../...)
> 그들의 눈자위는 보석알이 빠진 반지 같았다.
> 인간의 얼굴에서 OMO를 읽는 사람은
> 그들에게서 M자를 매우 잘 알아볼 것이다.

> *Ils avaient tous les yeux sombres et caves,*
> *La face pâle et de chair si vidée*
> *Que de leurs os la peau prenait la forme.*
> *(.../...)*
> *Leurs orbites semblaient des anneaux sans chaton:*
> *Celui qui sur la face humaine lit OMO*
> *Aurait chez eux très bien reconnu l'M.*[52]

M의 변화

Mutations du M

로마 숫자로 M은 1,000이다. 그리고 프랑스어로 1,000은 mille이다. 간단한가? 그렇기도 하고, 그렇지 않기도 하다. 아마도 로마인들이 그리스 글자 Φ를 받아들일 때 단어로는 사용할 수가 없어서 숫자의 역할을 했던 것 같다. 그리고 서서히 Φ는 변화하여 앞서 소개한 언셜체의 둥근 M자 형태로 변해갔다. 1,000의 절반인 500을 나타낼 로마숫자를 선택하기 위해서는 M자의 반쪽을 취하면 되는 거였다. M을 둘로 나누면 D가 되었다. 똑똑하군!

생빅토르의 후고에 따르면, 로마 숫자 M은 희망의 절정을 상징했다. 글자 자체가 다른 글자들보다 더 커서일 뿐만 아니라 로마 숫자들 중에서 가장 큰 값을 나타내기 때문이기도 했다.

폴 클로델(Paul Claudel)에게 M은 "활판에서 그 글자의 가로선을 영적(靈的)으로 깊이 파놓지만 않는다면, 세 개의 기둥이 받치고 있는 개선문처럼 우리의 알파벳 한가운데 우뚝 서 있는 경탄스럽고 기념할 만한" 글자이다. (『입장과 제안*Positions et propositions*』에서).

이런 광휘에도 불구하고 이 글자는 덜 영

광스런 측면을 간직하고 있다. 중세 영국에서 M자는 일부 살인자들의 왼쪽 엄지손가락에 빨갛게 달군 쇠로 새겨졌다.

라틴 시인들은 M자가 단어의 끝에 오는 것을 못견뎌 했는데, 이는 M자의 우는 듯한 소리 때문이었다. 게다가 이 글자는 어떤 이들에게는 괴상함과 광기의 표시로 여겨지기도 했다.

M에서 A를 지나 S까지

De M à S en passant par A

M자는 루이스 캐럴(Lewis Carroll)에게 『이상한 나라의 앨리스』의 유명한 한 장면에 영감을 주었다.

> 그들은 온갖 종류의 것들을 그렸어. 쥐덫이랑 달이랑 추억이랑 많음 같은 (...) M으로 시작되는 것들을 말이야. 네가 사물들이 대충 서로 비슷하다고 말한다는 것을 너 자신도 알고 있어.
>
> *They drew all manner of things – everything that begins with an M (...) such as mousetraps and the moon and memory and muchness – you know you say things are much of a muchness.*

여기서 프랑스어로는 M이 제대로 번역되지 않는다. 자크 파피(Jacques Papy)는 의 번역은 A로 시작하는 단어들을 제안하고, 앙리 파리조(Henry Parisot)는 L, 기 르클레르

크(Guy Leclercq)는 S를 제안한다. 여기 그 자료가 있다.

본래용어	직역	Papy의 번역	Parisot의 번역	Leclercq의 번역
Mousetrap	Attrape-souris 쥐덫	Attrape-mouches 파리 잡는 끈끈이	Lance-pierres 새총	Souricières 쥐덫
Moon	Lune 달	Asters 별	Lune 달	Soleil 태양
Memory	Mémoire/souvenir 기억/추억	Affections 애정	Lucidité 명석함	Souvenirs 추억
muchness	Similitude 유사성	À-peu-près 거의	Lurette 오래 전	Sétros (C'est trop) 너무하다

좋은 결말로 M을 이끌다
Mener M à bonne fin

피에르-앙투안 오귀스탱 드 피이스는 다음과 같이 M을 논평한다.

M이 위풍당당하게 자신의 세 다리로 길을 간다.
N은 그 옆에서 두 다리로 뒤뚱거리며 걷는다.
M이 목구멍 깊은 곳에서 포효하며 틀어박혀 있다.
N은 코의 가장 높은 곳에서 반향하며 도망친다.
M이 R와 연합하면 중얼거리기에 적절하다.
멍청이가 N을 하나 이상 소리내며 어름어름 읽는다.
M이 아이에게 엄-마를 어떻게 부르는지 가르쳐준다.
N은 아이에게 맛있는 것을 원하도록 가르친다.

L'M avec majesté sur ses trois pieds chemine
Et l'N à ses côtés sur deux pieds dandine;
L'M au fond du gosier s'enferme en mugissant,
L'N au plus haut du nez s'enfuit en résonnant;
L'M allié à l'R est propice au murmure;
Le sot par plus d'une N ânonne sa lecture;
L'M apprend au marmot à nommer sa maman;
L'N apprend au marmot à vouloir du nanan.

만약 여러분이 맛있는 것(nanan)을 원한다면, N 항목에서 찾게 될 것이다.

---

52. 앙드레 마스롱(André Masseron)의 번역. 단테를 떠나기 전에, 그가 신곡의 천국편 18절에서도 M에게 중요한 역할을 부여했다는 것 또한 기억해 두자.

군대와 회사의 알파벳*

ALPHABETS MILITAIRES ET CIE.

NATO	제2차 세계대전 연합국	미국경찰	독일무전
Alpha	Abel	Adam	Anton
Bravo	Baker	Boy	Berta
Charlie	Charlie	Charlie	Cäsar
Delta	Dog	David	Dora
Echo	Easy	Edward	Emil
Foxtrot	Fox	Frank	Friedrich
Golf	Goerge	George	Gustav
Hotel	Howe	Henry	Heinrich
India	Item	India	Ida
Juliet	Jig	John	Julius
Kilo	King	King	Kaufmann
Lima	Love	Lincoln	Ludwig
Mike	Mike	Mary	Martha
Novembre	Novembre	Nora	Nordpol
Oscar	Oscar	Ocean	Otto
Papa	Pap	Paul	Paula
Quebec	Queen	Queen	Quelle
Romeo	Roger	Robert	Richard
Sierra	Sugar	Sam	Samuel
Tango	Tate	Tom	Theodor
Uniform	Uncle	Union	Ulrich
Victor	Victor	Victor	Viktor
Whiskey	William	William	Wilhelm
X-ray	X-ray	X-ray	Xanthippe
Yankee	Yoke	Young	Ypsilon
Zulu	Zebra	Zebra	Zacharias

* 이 목록은 매우 많은 사례들 중에서 일부만 실은 것이다.

[ɛn]

콧소리에서 불길함까지

Du nasal au néfaste

아무렇지 않은 듯 보여도, N을 발음하기 위해서는 몇몇 특별한 능력이 필요하다. 디드로와 달랑베르의 『백과전서』에 따르면, N으로 표현되는 발음은 설음이자 치음이며 비음이다. 혀의 정해진 움직임에 의존하기 때문에 설음이고, 이 특별한 움직임을 하기 위해 혀가 윗니에 기대야 하기 때문에 치음이며, 이러는 동안 혀의 특별한 위치로 인해 발성이 변화시키는 공기음의 일부가 코를 통해 역류하기 때문에 비음이다.

고대 로마에서, N자는 'nefastus dies(재수 없는 날)'를 의미했으며, 달력에 액일(불길한 날)로 표시되었다. 이 전통은 이집트에서 온 것으로, 이집트인들에게는 거의 일년의 3분의 2가 액일이었다. 람세스 왕조 시대에 액일들에 금지되었던 것들의 몇몇 예를 들면 다음과 같다.

1월(Thoth) 22일에는 생선을 먹거나 소금에 절이면 안되었다.

2월(Paophi) 26일에는 돌을 사용하면 안되었다.

3월(Athyr) 19일에는 나일강에서 배를 타면 안되었다.

4월(Choiak) 21일에는 산책이 금지되었다.

5월(Tôbi) 13일에는 쥐를 쳐다보는 것이 금지되었다. 하물며 가까이 가는 것은 말할 것도 없다.

6월(Méchir) 30일에는 큰 소리로 말하면 처벌받았다.

8월(Pharmuthi) 11-12일에는 밭갈이 하는 것을 쳐다보면 안되었다.

사실상 일년 중 길일(행운의 날)에 할 수 있는 일들을 적는 것이 더 간단했을지도 모르겠다.

어수룩함의 개념?
Notions nunuches?

앨프리드 컬리어(Alfred Kallir)에게 N자는 부정형(不定形: un, ein, one 등), 바다(nautique), 밤(nocturne), 질병(nosocomial), 죽음(nécrose), 벌거벗음(nu)의 개념을 전달한다. 컬리어는 수컷의 글자인 M은 암컷의 글자인 N의 앞에 온다는 것을 덧붙인다. 그것은 당연하다. 왜냐하면 N이 M보다 획수가 더 적은 것과 꼭 마찬가지로, 두 성(性) 중에서 여성이 더 작기 때문이다. M이 N보다 우월하다는 다른 증거도 있다. 아기들은 N보다 M을 먼저 발음한다. 대단한 논증이다![53]

유명한 내레이션
Narration notoire

프랑스 활판인쇄(타이포그래피)와 판화의 탁월한 전문가인 조프루아 토리는 문자의 창안자이기도 하고 해설가이기도 했다. 1529년에 그는 문자의 형태와 본질을 소개하는 『글자들의 진정한 비율에 관한 예술과 과학*Art et science de la vraie proportion des lettres*』을 출간했다. 다음은 (M과 함께 편성되어 있는) N에 대한 형태에 대한 지적이다.

"그리스 아티카 풍의 모든 문자들 중에서, 등변사각형에서 벗어나는 것은 M과 N 밖에 없다." 그리고 이제 핵심으로 들어가보면, 이 글자들은 "훌륭한 문학과 과학의 탐구에서 끈질기게 버텨온 사람들에게 행복과 기쁨의 신호를 은밀히 선사하기 위해 왔다. 이 글자들은 등변사각형을 통과하고 넘친다는 점에서 풍성함의 표식이며, 앞서 얘기한 훌륭한 문학들에 대한 지식이 풍부한 사람들은 모든 재화, 완벽한 탁월함, 덕성 등에서 풍요롭다는 것을 의미한다."

N과 M을 사랑하라. 여러분에게 큰 도움이 될 것이다!

한가지 더 덧붙이자면, 토리에게 N자는 산수(算數)와... 간(肝)을 나타낸다[54].

왜 이렇게 많은 N을?
Pourquoi tant de N?

- 당신이 F 항목에서 했던 북극원정을 떠올려 보라. 여기 또 다른 시나리오가 있다. 당신은 북극 곰 한 마리를 막 죽였다. 비행기 한 대가 지나가며 (날개를 흔들어) 당신에게 배가 고픈지 묻는다. 당신은 생고기를 좋아하지 않기 때문에, 재빨리 땅바닥에 자갈, 나뭇가지와 동물의 가죽까지

모아서 크게 N자를 만든다. N은 국제 지대공코드에서 "아니오(non)", 즉 부정을 의미하는 것이다.

- 샤를르 트레네(Charles Trenent)가 노래한 'N 7(7번 국도)'는 이제 더 이상 없지만, 그 명칭을 보호하기 위하여 협회가 만들어졌다.

- 화학에서 N은 순도의 측정에도 사용된다. 쉼표 뒤에 나오는 9의 갯수를 그 준거로 삼는데, 이에 따라 순도 3N으로 평가된 한 물질은 0.999 정도로 순수하다(99.9%). 6N은 0.999999 혹은 99.9999%의 순도를 의미한다.

- 예전의 필사본들에서 비음 N은 종종 선행 모음 위에 일종의 비음 부호를 통해 표시되었다.(예를 들면, ignorãt는 ignorant과 같다) 국제음성기호는 그 같은 기능을 위해 같은 기호를 사용한다.

- 캐나다의 브리티쉬 컬럼비아 주에서는 자동차 뒤에 붙은 스티커에 쓰인 N이 초보운전을 뜻한다.

- 1903년 르네 블롱들로(René Blondlot)는 N 광선을 발견했고(여기에서 N은 그가 살던 도시의 이름인 낭시(Nancy)에서 딴 것이다), 프랑스 학술원은 그에게 50,000 프랑의 상금이 주어지는 르콩트 상(Prix Leconte)을 수여했다. 그리고 1904년에 로버트 윌리엄스 우드(Robert Williams Wood)는 이 광선들이 존재하지 않음을 증명했다.

- 프랑스 제정(帝政)의 스타일에 관한 대화에서 드 게르망트(De Guermantes) 공작부인은 단언한다. "(...) 사람들은 모든 N들, 그 모든 꿀벌[55]들을 좋아하게 되고야 만답니다..." N은 나폴레옹을 가리키는 것임을 분명히 말할 필요도 없다.

- 6월 14일 밤이다. 당신이 소행성 하나를 막 발견했다. 다행히도 당신의

이름은 노르베르(Norbert)이다. 당신은 당신 이름의 첫 글자로 시작되는 이름을 그 소행성에게 임시로 부여할 수 있다. 만약 당신이 존경받는 천문학자라면 그렇게 해야만 한다. 사흘 후라면, 그 행성에 'O'로 시작하는 이름을 붙여야 할지도 모른다.

고리가 아닌 신경 매듭
Noeuds nerfs non anneaux

당신은 M과 N이 종종 함께 다루어지는 것을 보았다. 여기에 보다 더… 밝은 후광으로 둘러싸인 분위기를 전하는 최근의 새로운 예가 하나 있다. 로베르 데스노스(Robert Desnos)가 지은 『살로메 솔로몬의 우아한 성가*Elégant cantique de Salomé Salomon*』이다.

> 나의 죄악은 죽지만 내 손은 흉내 낸다.
> 고리가 아닌 신경, 매듭을. 북쪽은 없고
> 무기력한 사랑조차? 부인들이여, 물어뜯습니다.
> 드러낸 젖가슴들을. 논 니 나인.
>
> 맘므 세계에서 니네베는 어디인가?
> 내 친구들이여, 내 바다가 내게 속삭인다네.
> "우리의 나일강들이 눈으로 태어난 우리의 밤들을 잠기게 한다."고.
> 미라는 죽어가는구나! 아이는 벽의 영혼.
> 내게는 이름이 부정된 무(無)도 없고, 기력도 없네!
>
> 증오를 사랑하고
> 사랑하지 않고

증오가 사랑하고
사랑하지 않았고

엠엔
엔엠
엔엠
엠엔[56]

Mon mal meurt mais mes mains miment
Noeuds, nerfs non anneaux. Nul nord
Même amour mol? mames, mord
Nus nénés nonne ni Nine.

Où est Ninive sur la mammemonde?
Ma mer, m'amis, me murmure:
«nos nils noient nos nuits nées neiges».
Meurt momie! môme: âme au mur.
Néant nié nom ni nerf n'ai-je!

Aime haine
Et n'aime
haine aime
aimai ne

MN
NM
NM
MN

주
Note bene

독자 친구여, 나는 너의 손 끝에 있다.
나는 밤을 시작하고, 나는 내일을 끝내고 있다.[57]

Je suis, ami lecteur, tout au bout de ta main;
Je commence la nuit et je finis demain.

당신은 M & N을 갖고 있다. 아름답다. 이제는 O, 즉 M & O를 사랑하는 것이 적절할 것이다.[58].

---

53. 『사인과 디자인: 알파벳의 정신발생적 근원*Sign and Design: The psychogenetic Source of the Alphabet*, 1961』에 수록된 내용이다.

54. 그의 '인간과 문자(*Homme et lettre*)'는 U 항목에 있다.

55. 꿀벌은 황실을 상징하는 문장이다. (역자 주)

56. 데스노스의 이 시는 알파벳 M과 N으로 시작되는 단어들을 나열하여 음운적인 조화를 꾀한 것으로, 주제나 의미는 상대적으로 중요하지 않다. 문법 또한 시적 허용으로 무시된다. 이 시를 낭송해 보면 3연과 4연은 같은 발음으로 호응하고 있음을 알 수 있다. 예를 들면, 3연의 1행 "사랑한다, 증오(Aime haine)"는 4연의 1행 "MN"과 같이 "엠엔"으로 발음되는 식이다. (역자 주)

57. 그렇다. N자를 말하는 것이다. 프랑스어에서 손(main)의 끝 글자는 n이고, 밤(nuit)의 첫 글자는 n이며, 내일(demain)의 마지막 글자는 n이기 때문이다. (역자 주)

58. M & O를 소리나는 대로 쓰면 'M et O', 즉 '엠에오'로, 'aimer O(에메 오, O를 사랑하다)'와 같다. (역자 주)

알파벳 드라마* (소리내어 읽을 것)

DRAME ALPHABÉTIQUE* À LIRE À HAUTE VOIX

개선장군:	– Abbesse! Aidez! 수녀원장님! 도와주십시오	(ABCD)
수녀원장:	– Euh... 음...	(E)
개선장군:	– Eh! Feu! 에! 불이요!	(F)
수녀원장(오베르뉴 출신):	– J'ai... 나는...	(G)
	– Ah! Chi-gît K! 여기에 K를 두세요	(HIJK)
개선장군:	– ... Et les mène au Pecq! ... 그리고 그들을 페크에 데리고 간다!	(LMNOPQ)
마차꾼:	– Hue! 아!	
개선장군:	– Eh! Restez! 아니, 그냥 있으시오!	(RST)
마차꾼:	– Hue! 이랴!	(U)
잘못된 발음 때문에 괴로워하는 식당종업원:	– Vai doux. 부드러운 적갈색 말	(VW)
개선장군:	– Bleu? 파란 색?	
식당종업원:	– Vai 적갈색.	
개선장군:	– Hic! 어렵군!	(XYZ)
식당종업원:	– Six grès que z'ai! 내가 갖고 있는 여섯 개의 도자기! – Deux! 둘!	

* 조르주 페렉의『전쟁의 끔찍함*Les Horreurs de la guerre*』에서 발췌한 대화이다.

** 이 시에서 대화의 내용은 의미가 없다. 다만 이 대화를 연결해서 읽을 때 알파벳을 차례대로 발음하게 된다는 것이 중요하다. (역자 주)

[o]

O, 그 기원과 일상
O, ses origines, son ordinaire

베르나르댕 드 생-피에르(Bernardin de Saint-Pierre)는 O자에 대해 진정으로 강박관념을 경험했던 것 같다. 『자연의 조화*Harmonie de la nature*』라는 저서에서 그는 다음과 같이 이야기 한다.

"O에 대해 말하자면, 나는 그 형태가 태양의 형태에서 온다고 믿게 되었다. 이는 O가 표현하는 소리가 모든 언어들에서 감탄의 소리이기 때문이다. 낮의 별인 태양이 모든 민족들에게 초래했음에 틀림없는 감정이다. O는 소리가 잘 울리게 만들며 모든 단어에 위엄을 준다. O는 스페인어 같은 유럽 남부의 언어들에서 자주 보인다. (…) O자의 형상이 태양의 둥근 모양에 기원을 두고 있고, 그 글자가 표현하는 것은 감탄이라는 것을 더욱 잘 뒷받침해주는 것은, 열대 지역 민족의 단순한 언어들에서도 O자가 널리 퍼져있다는 사실이다. O가 이 언어들에 부여하는 조화로움과 위엄은 다른 기후 지역들의 박식하고 교양 있는 민족들의 언어에서는 자주 찾아볼 수 없는 것이다. 이는 특히 아프리카의 대다수의 왕국 이름들에서 볼 수 있다. 예를 들면, 앙골라 왕국(Angloa), 졸로프 왕국(Jolofs), 톰부투 왕국(Tombuto), 부르누 왕국(Bournou), 마좀보 왕국(Majombo), 쟁기로 왕국(Gingiro), 마코코 왕국(Macoco), 로앙고 왕국(Loango), 콩고 왕국(Congo), 로안도 왕국(Loando), 모노에뮈기 왕국(Monoémugi), 모노모타파 왕국(Monomotapa), 모잠보 왕국(Monsambo) 등…"

바르텔르미에게 있어 태양은 숱하게 많은 둥그런 것들 중 하나일 뿐이었을 것이다.

O는 모든 둥근 것들에서 반드시 나타난다.
사과, 오렌지, 공, 세계,
포탄, 대포, 파이, 방울

L'O paraît de riguer dans toute choses ronde:
Une pomme, une organe, une boule, le monde,
Un obus, un canon, une tourte, un grelot.

웰렉과 워렌(Wellek & Warren)은 『문학의 이론*A Theory of Literature*』에서 O의 소리가 느리고, 어둡고, 볼품없고, 광채가 없는 것들과 연결되어 있다는 것이 "음향학적으로 증명되었다"고 단언한다. 그런데 이 글자가 태양을 떠올리게 하고, 게다가 그림자도 떠올리게 할 수 있다니, 모순되지 않나?

공식적인 반박
Objections officielles

리트레(Littré)[59]는 프랑스어에서 O가 갖고 있는 다음의 두 가지 권위를 인용한다.

- 보줄라(1647): "매우 오랫동안 프랑스에서는 O만 있는 것을 마치 그 다음에 U가 있는 것처럼, 즉 마치 이중모음 'OU'인 것처럼 발음했던 것이 사실이다. 예를 들면, '것'을 의미하는 chose는 chouse로, 도랑, 외호를 뜻하는 fossé는 fousséz로, '물을 주다'라는 동사 arroser는 arrouser로 발음했던 것이다. 그러나 10~12년 전부터[60] 정확하게 말하는 사람들은 arroser, fossé, chose를 U 없이 발음한다. 그리고 예민한 귀를 가진 사람들에게 특히 fousséz와 chouse는 참을 수 없게 되었다[61]."

- 볼테르(1768): “인쇄할 때는 ‘je croyois, j’octroyois’라고 해놓고, 읽을 때는 ‘je croyais, j’octoryais’라고 발음하면서 그 나라가 어떻게 영예롭게 존속할 수 있기를 원하는가? 어떻게 외국인이 처음에 오는 o는 o로 발음하고 두 번째 오는 o는 a처럼 발음한다는 것을 짐작할 수 있겠는가? 우리는 왜 말하는 대로 쓰지 않는가?”

오케이, 박사님!
Okay, doc!

어디서나 들을 수 있는 유비쿼터스 오케이(Okay, 때로는 O.K. 혹은 OK)는 어디에서 온 것인가? 이에 대한 이론은 넘쳐난다[62]. “O.K.”라고 인쇄되어 첫 출현한 것이 1830년대로 거슬러 올라간다는 것이 기정사실화되었다 하더라도, 그 이후에 사실에 근거한 설명들을 막지는 못한다. 다음에 그 사례들이 있으니…

- 그리스어에서는 ‘Ola Kala’, 즉 ‘만사가 순조롭다’의 약어이다.
- OK는 미국 남북전쟁 때 병사들이 먹던 비스킷(Orrin Kendall, 오린 켄달)의 이니셜이다.
- 아이티(Haïti)의 항구 ‘오 캬이(Aux Cayes)’의 약어이다. 미군들이 이곳의 럼주를 특히 높이 평가했다.
- 프랑스 해군이 사용하던 ‘au quai(오 께, 부두에서)’에서 온 것으로, 배가

부두에 있을 때는 먼 바다의 위험에서 벗어나 있기 때문이다.

- 오크어(langue d'oc, 프랑스의 3분의 1쪽 남부에서 사용되던 언어들)에서의 'oc' (oui, 예)'가 O.K.의 기원이다.
- OK는 'all correct(다 맞다)'를 의미하며, 어느 문맹자가 'orl korrect'로 잘못 쓴 표현이었을 것이다.
- OK는 미국 대통령 마틴 밴 뷰런(Martin Van Buren)의 별명 'Old Kinderhook(올드 킨더훅)'의 이니셜이다. 밴 뷰런은 뉴욕의 킨더훅(Kinderhook) 출신으로, 'Old Kinderhook Club(올드 킨더훅 클럽)'은 1840년 대통령 선거에서 밴 뷰런을 지지하는 사람들의 정치단체였다.
- 인쇄소에서 교정쇄에 표시하던 독일어 'Ohne Korrektur(수정 없음)'이 O.K.가 되었다.
- 스코틀랜드인들이 사용하던 표현인 'auch aye(오크 에이)'의 변형이다.
- 처음에는 제1차 세계대전 동안 밤새 사망자가 없음을 신고하기 위해 'Zero Killed(혹은 0 Killed, 사망자 0)'라고 쓴 표현에서 비롯되었다.
- 미국 독립혁명 동안 한 독일 출신 병사가 새겼던 'Oberst Kommandant (사령관)'의 이니셜이다.
- 이 이니셜은 촉트족(Chactaw, 아메리카 인디언의 한 종족)의 언어로 '그렇다'를 의미하는 okeh를 번역한 것이다.
- 포드사의 공장에서 제조공정 맨 마지막 단계에서 일하던 오마르 컬셈스키(Omar Kulsemsky)는 차량을 전체적으로 검사하여 출고허가를 내는 일을 담당했다. 그는 검사한 차량들에 확인되었다는 의미로 그의 이니셜 'O K'를 찍었다.

객관적 관찰

Observations objectives

- 기원전 63년 11월에 키케로가 원로원에서 했던 연설을 기억하는 자 누구인가? 키케로는 카틸리나가 그를 상대로 꾸민 음모를 그 연설에서 밝혔다. 키케로는 며칠에 걸쳐서 네 차례의 연설을 했다. 그의 첫 연설은 잊을 수 없는 다음 단어들로 시작되었다. "O tempora, O mores (오 시간들이여, 오 관습들이여)!"
- 조토의 O는 교황 베네딕투스 9세 앞에서 실력을 보여주기 위해 그가 단 한 획으로 그려낸 완벽한 원을 말한다.
- 테오도르 드 베즈(Théodore de Bèze, 칼뱅의 계승자)의 3O는 'Oups, Opes, Ops (일, 부유함, 돌봄)'이다.
- 블레즈 상드라르(Blaise Cendrars)는 O자에 대한 시를 썼다. 제목은 『*OpOetic*(*O Poetic*, 시적 O)』. 이 작품은 장 콕토(Jean COctO)에게 바쳐졌다.
- 상선(商船)에서 O자 깃발이 단독으로 쓰일 때는 '사람이 물에 빠졌음(homme à la mer)'을 의미한다.

올레올레[63] 관찰

Observations olé olé

- 도 후작(Marquis d'O)은 앙리 3세 의 수많은 총신들(mignons d'Henri III, 매우 여성적인 동성애자들이었음) 중의 한 사람이었다. 역사가 메즈레(Mézeray)는 도가 “방탕한 생활에 절어 있었다”고 말했다. 오! 샤토 도(Château d'O, 도 후작의 성)는 노르망디 지방에 여전히 있으며 구경할 수 있다).

- 폴린 레아주(Pauline Réage)의 『O의 역사』는 물신숭배자(페티시스트)들, 사도매저키스트 등의 모임에서 O자가 사용되던 방식에 그 기원을 두는 것 같다. 〈오: 예술, 모드, 환상 *O: art, mode, fantasme*〉라는 이름의 독일 잡지는 '변태적인' 옷과 악세서리의 유행에 대한 기사들을 모은 것이다.
- 마케팅 전문가들에 의하면 O자는 판매의 좋은 수단이다. 왜냐하면, O자는 여성의 성기를 고상하게 연상시키기 때문이다.

만약 이 버릇없는 관찰들이 지나친 것 같다면, 이 관찰들로 인해 당신이 어떤 P를 삐딱하게 두지 않게 되기를 기대하자.

---

59. 17세기에 에밀 리트레(Emile Littré)에 의해 편찬된 프랑스어 사전으로 사전학, 언어학의 기본참고문헌이다. (역자 주)

60. 이 책이 출간된 것은 2007년이다. (역자 주)

61. 이 발음에 대한 전문가들의 논쟁에 '듣는 자들과 못 듣는 자들 간의 싸움(La qurelle des ouïstes et des non-ouïstes)'이라는 이름이 붙여졌다.

62. 셀 수 없이 많은 학자들이 이 주제에 대한 연구를 했다.

63. 'olé olé'는 '조심스럽지 못하고 버릇없는'이라는 뜻이다 (역자 주).

식자공의 알파벳*

ALPHABET DE COMPOSITEUR

A	B	C	D	E	F	G
H	I	K	L	M	N	O
P	Q	R	S	T	V	X
»	( )	U	J	j	Y	Z

o e	r s	t i	m l	ë	ï	ü
É	È	Ê	Æ	Œ	W	Ç
ﬁ	â	ê	î	ô	û	!
ﬀ	à	è	ù	§	[ ]	?

*	ç	é	– ’	e
—	b	c	d	
z / y	l	m	n	i
x	v	u	t	Espaces

1	2	3	4	5	6	7	8
s		Esp. moy.	f	g	h	9 / æ	0 / œ
o		p	q	; / Esp. fines	w / fi	k / :	1/2 Cad. / Cad.
a		r		.	,	Cadrats	

* 인쇄소의 식자공은 능숙하다. 정확히 말하자면, 활자들이 들어 있는 서랍은 ‘casse(케이스)’라고 불린다. ‘케이스의 위쪽’, ‘케이스의 아래쪽’라는 표현들은 여기서 비롯된다.

[pe]

시적인 P
P poétique

P는 자신의 최고권력을 뽐내면서
어느 시의 모든 단어들을 라틴어로 주재했다.
하지만 프랑스 시에서는 더 여유 있게 자리 잡고서,
P가 노고와 즐거움보다 앞설 줄 알고,
복된 어린 시절에는 빵이라는 첫 단어와
아버지라는 부드러운 이름을 발음케 하고,
송곳과 말뚝, 창과 단검은
세심하게 이 끝에서 저 끝으로 뚫는 듯이 보이고,
P의 각별한 격정을 적절히 증명해 보이기 위해
주먹으로 밀치고, 발로 구르며,
P가 납의 육중함을 무겁게 그리듯이
폭죽과 화약을 그리고,
하지만 이제는 그의 전권에서 물러나
F와 경쟁을 벌이고 H와 융합하도록
주재한다.

Le P, se prévalant de son pouvoir suprême,
En latin présida tous les mots d'un poème;
Mais dans les vers français, placé plus à loisir
Qu'il sache précéder la peine et le plaisir;
Qu'il fasse prononcer à l'enfance prospère
Le premier mot de pain et le doux nom de père;
Que la pointe et le pieu, la pique et le poignard
Paraissent par ses soins percer de part en part;
Pour prouver à propos sa pétulance insigne,
Qu'il pousse avec les poings, que des pieds il trépigne;
Qu'il peigne le pétard et la poudre à canon,

Comme il peint lourdement la pesanteur du plomb:
Mais de son plein pouvoir alors qu'il se détahce,
Qu'il rivalise l'F et se fonde avec H.

피에르-앙투안 드 피이스

(이 시는 다음 페이지에 인용된 플라켄티우스의 시를 참고한 것 같다.)

프랑스 학술원 회원인 부아튀르도 알파벳에서 시적 영감을 많이 받았다. 그에게 P는 다음과 같은 글자였다.

... 폭군처럼 걷고
교황 행세를 절반쯤 하고,
신앙심에서 벗어나고 싶어 하고,
공상 속에 놓여 있고,
그저 가난과
게으름과 무력함 속에 있는...

... qui marche en satrape, ...
Et qui fait la moitié d'un pape,
Se veut tirer de piété.
Et s'est mis dans la phantaisie
De n'être plus qu'en pauvreté,
En paresse en paralysie.

5에서 7까지의 P
P de 5 à 7

오늘날에는 '5P'가 통할 수 없음이 확실하다. 1841년, 에티엔 가브리엘 페

뇨(Étienne Gabriel Peignot)는 다음과 같이 설명했다. “결혼을 원하는 젊은이라면 누구든지 5P를 갖고 있기만 하면 지참금을 충분히 갖춘 것이나 진배없다. 그 5P란 sit Pia, sit Prudens, Pulchra, Pudica, Potens이다. 즉, 독실하고, 신중하고, 아름답고, 정숙하고, 능력 있으면 되는 것이다. 그러면 더 이상은 바라지 마세요.”

17세기의 사람들은 P가 고약한 면을 가지고 있다고 믿었다. 학생들에게 닥치는 불행들을 표현하는 단어들이 P로 시작되기 때문이다. 앙투안 우댕이 이에 대해 상세히 설명해준다. ‘하나의 P 아래 일곱 개의 P(sept P sous un P)’라는 표현은 “학생들이 한 현학자(pédant) 밑에서 견디고 있는” 이(poux), 벼룩(puces), 빈대(punaises), 가난(pauvreté), 그리고 “적은 양의 식사(petite portion)”를 가리킨다.

돼지고기 P
P porcin

16세기에 도미니코회 수도사였던 시인 플라켄티우스는, 아마도 자기 이름의 이니셜의 영향 하에 『돼지들의 전투*Pugna porcorum*』라는 제목으로 200행이 넘는 시를 지었는데, 이 시에 나오는 단어들은 모두 P로 시작한다. 다음은 이 시의 처음 부분과 프랑수아즈 두에(Françoise Douay)가 프랑스어로 놀랍도록 훌륭하게 바꿔놓은 것이다.

으스대라, 새끼돼지들아. 평온한 돼지들이 가득,
번식력 강한 휘문이한 포도가지처럼 과다하게 우글거린다.
엄청나게 왕성하고, 분주한 부대들처럼,
싸우기 좋아하는 통통한 돼지들이 증식한다.
이쪽에는 자갈들과 포석을 쿵쿵 밟는 돼지들,
저쪽에는 데이지들과 풀밭을 더럽히는 돼지들.

Plaudite porcelli; porcorum pigra propago
Profreditur, plures porci pinguedine pleni
Pugnantes pergunt. Pecudum pars prodigiosa
Pertubat pede petrosas plerumque palteas;
Pars portentoses populorum prata profanat.
(라틴어)

Paradez, porcelets; le provin prolifique
Des porcs placides et pleins pullule, pléthorique.
Par pelotons pressés, prodigieusement prospères,
Les pourceaux potelés, pugnaces, prolifèrent:
Porcs piétinant par-ci pierrailles et pavés
Porcs profanant par-là pâquerettes et près.

(프랑스어)

P의 에피소드
Peripéties de P

- (원 속에 U자가 있는) 라벨에 P자도 있는 포도주는 OU(Orthodox Union, 정통연합)에 의해 유태인들의 유월절을 위해 적합한 포도주로 여겨진다.
- 예전의 비타민 P는 오늘날 비타민 C2로 불린다.

- 심전도검사에서 P파(P-wave)는 동방결절에서 방실결절로 가는 심방의 탈분극(심방수축과 관련된 전기적 자극)에 해당된다.
- 모든 사람이 PCV(수신자부담전화)를 안다. 그렇다면 PCV는 본래 무엇의 약자일까[64]?
- PG에 대해 말하자면, 이 두 글자가 등 뒤에 쓰여 있을 때 더욱 슬프다. '전쟁포로(prisonnier de guerre)'를 의미하기 때문이다. "그 남자는 바로 머리에는 작고 동그란 군모를 쓰고 초록색 재킷을 입고 있었으며, 등에는 흰색으로 커다란 두 글자가 표시되어 있었다. P와 G."(『큰 무리*Le Grand troupeau*』, 장 지오노(Jean Giono)).
- 3세기에 게타(Geta)라고 불리는 자(카라칼라 황제의 동생)가 같은 글자로 시작되는 음식을 주문하는 버릇이 있었다. 예를 들면, P의 날에는 P로 시작하는 닭(poulets), 자고(perdrix), 공작(paons), 돼지(porcs), 생선(poissons)을 먹었다. 18세기가 지난 후, 캐나다의 소설가 미리엄 토우즈는 자신의 소설『복잡한 친절*A Complicated Kindness*』의 주인공에 유사한 원칙을 적용한다.
- 파키스탄(Pakistan)이란 이름은 어디에서 왔을까? P는 펀자브(Punjab), A는 아프가니아(Afgahania), K는 카슈미르(Kashmir), I는 이란(Iran), S는 신드(Sind), T는 투르크메니스탄(Turkmenistan), 그리고 마지막 두 글자는 벨루치스탄(Beluchistan)에서 딴 것이다. 첫 글자를 따서 만든 단어로서 완벽함의 절정인 이 이름은 우르두어로 '순수한 자들의 국가'를 의미한다.

P 발음의 특징들
Particularités de la pronociation de P

사라졌던 P의 상당수가 16세기에 단어들에서 복구되었다. 그렇게 해서 문자가 프랑스어 발음에 결국 효과를 갖게 되었다. 바로 그 때문에 오늘날 예를 들어 '면제'라는 뜻의 'exemption([ɛgzɑ̃psjɔ̃])'에서 p를 발음하는 것이다. 마찬가지로 'saume' 같은 단어들에서 발음되지 않는 P도 복구되어서 'psaume ([psoːm], 시편)'라고 말한다. 반면, ptisana(tisane, 탕약 차)의 P는 결정적으로 사라졌다.

"P와 B 사이의 발음 차이는 성문(聲門)의 움직임에 의해 뚜렷해진다. 어떤 외국인들이 이 두 글자를 혼동하여 발음하는 이유는 그런 움직임을 하는 습관이 없어서이다. 이런 어려움은 특히 독일인들과 스웨덴인들에게 있다. 히브리어와 시리아어는 P의 소리를 F의 소리와 혼동하고, 아랍어에는 P의 소리가 없다. 마지막으로, 중국인들에게도 P가 존재하지 않는다." (데상브르-알로니에, 1869)

프리아포스(다산의 신)의 도발적 향기
Parfum de provocation priapique

비밀스런 (그리고 이시스적인) 원칙들을 신봉하는 사람들에 따르면, 소문자 P자는 남성의 성기가 '휴식' 상태인 것을 나타내고, 대문자 P는 아수르-투아(Assur-Tua, 아시리아의 신이자 왕)의 성기가 발기상태인 모습을 나타내는

것이다. P자의 소리까지도 사정할 때 나는 소리의 표현일 것이다... (게다가 이 소리를 들을 수 있고, 들릴 수 있어야 한다!) 이 원칙을 신봉하는 자들의 의견을 여전히 따르자면, 바로 그 때문에 P로 시작되는 수많은 단어들이 남근과 관계된 개념을 갖고 있는 것이다. 예를 들어 남근(pénis), 오럴섹스(pipe), 음경(pine), 말뚝(poteau), 오줌 누다(pisser), 삽입하다(pénétrer), 아버지(père), 돌(pierre) 등... P로 시작되면서 남근을 암시하는 단어들의 숫자는 그들에 따르면 우연의 결과일 수가 없는 것이다.

앨프리드 컬리어의 관점은 조금 다르다[65]. P자는 인간의 신체에서 열려 있는 부분들(입과 항문)과 그것들이 내는 소리에 해당한다. P자는 액체 성분을 나타내며, 악취를 내는 모든 것에 해당한다. 한 가지 모순이 제외되는 것은 아니지만, 컬리어는 P가 부모의 권력, 특히 아버지의 권력을 드러낸다고 덧붙인다. 놀랄 것 없다. 'papa(아빠)'라는 단어가 P를 두 개나 갖고 있으니까. 또한 컬리어도 이 글자의 침투력을 느낀다. 특히 남자의 성기와 관련해서인데, 그 침투력이 그 글자로 하여금 그것의 결과와 부합되게 한다. 그 결과란 생식(procréation)이다.

끝으로 해학가 제임스 서버(James Thurber)는 P자에서 도발적인 방대한 범위를 발견했다. 어쩌면 P가 사실상 26개 글자들 중에서 가장 양면적일지도 모른다고 그는 말했다. 그 글자에서 기쁨(plaisir)과 고통(peine), 평화(paix)와 난장판(pagaille), 번영(prospérité)과 가난(pauvreté)이 발견되기 때문이다. 거기에 몇 가지 다른 짝들을 덧붙일 수 있을 것이다. 순수(pur)와

퇴폐(pervers), 가까운 곳(près)과 머나먼 도시(pétaouchnoc).

자, 흩어집시다! Q로 가자는 얘기입니다!

---

64. PCV는 프랑스어 'Paiement contre vérification'의 약자이며, 직역하면 '확인에 따른 지불'이며, '통화료 수신자 부담'을 의미한다.

65. 『사인과 디자인: 알파벳의 정신발생적 근원』, 1961.

전화 알파벳*

ALPHABETS TÉLÉPHONIQUES

프랑스어 국제전화	프랑스 자국 전화	영어 국제전화
Amsterdam	Anatole	Alfred
Baltimore	Bernard	Benjamin
Casablanca	Cécile	Charles
Danemark	Denise	David
Edison	Emile	Edward
Florida	François	Frederick
Gallipoli	Gérard	George
Havana	Henri	Harry
Italia	Irma	Isaac
Jérusalem	Joseph	Jack
Kilogramme	Kléber	King
Liverpool	Louis	London
Madamgascar	Marcel	Mary
New York	Nicole	Nellie
Oslo	Oscar	Oliver
Paris	Pierre	Peter
Québec	Quinze	Queen
Roma	Robert	Robert
Santiago	Suzanne	Samuel
Tripoli	Thérèse	Tommy
Upsala	Ursule	Uncle
Valencia	Victor	Victor
Washington	Wagon	William
Xanthippe	Xavier	Xray
Yokohama	Yivonne	Yellow
Zürich	Zoé	Zebra

* 앙젤리니(Angelini)와 레만(Lehman)에게 감사한다.

[ky, kə]

Q와 가짜 Q에 대한 이야기
Histoire de Q et de faux Q[66]

Q는 제대로 사랑 받지 못했을까? 『백과전서』에 따르면, "만약 프랑스 알파벳이 체계적이고, 음성요소들만 가장 간단히 묘사하기 위한 것이었다면, q자는 프랑스 알파벳에서 아주 불필요했을 장식이다. 이러한 하자는 q와 k에 공통적이다."

한편 베슈렐은 이 글자와 관련하여 작자미상의 시 한편을 인용한다.

> C의 라이벌인 Q는 K에게 시비를 걸고,
> 때로는 쓰라린 괴로움 속에서 저주한다,
> 무(無)로부터 그를 처음 불러냈던 자를.
>
> *Le Q, rival du C, cherche querelle au K,*
> *Et maudit quelquefois, dans sa douleur amère*
> *Celui qui le premeir du néant l'évoqua.*

피에르-앙투안 오귀스탱 드 피이스조차도 Q의 장점을 찾지 못했다.

> q는 꼬리를 질질 끌고 아주 조그맣게 투덜대면서,
> 매순간 부딪치게 되는 u에게 달라붙으러 와서
> k의 억양에다 자신의 바로크적인 억양을 투사한다.
>
> *Le q, traînant sa queue et querellant tous bas,*
> *Vient s'attacher à l'u, qu'à chaque instant il choque*
> *Et sur le ton du k calque son ton baroque..*

분명히, Q는 운이 별로 없다!

소르본 대학의 박사들과 그 유명한 문법학자 피에르 드 라 라메(Pierre de la Ramée), 일명 라무스(Ramus, 1515~1572)는 Q의 발음에 대하여 논쟁을 벌였다. 이 논쟁은 종국에는 법정까지 갔을 정도로 격해졌다. 몽테스키외(Montesquieu)는 이 사건을 『페르시아의 편지 *Lettres persanes*』에서 다음과 같이 이야기 한다.

"파리 대학은 프랑스 왕들의 장녀, 즉 아주 연장자이다. 파리 대학은 9백 살도 더 되었으니까. 그래서 때로는 꿈을 꾸기도 한다.

얼마 전 파리 대학이 Q자를 계기로 몇몇 박사들과 큰 논쟁을 벌였는데, 파리 대학은 사람들이 Q를 K처럼 발음하기를 원했다고 한다. 그 논쟁은 너무나 가열되어 그들 중 몇몇은 재산을 박탈당할 정도였다. 그래서 고등법원이 그 분쟁을 종결시켜야 했고, 공식 판결을 통해 프랑스 왕의 모든 백성들이 각자 자기 마음대로 그 글자를 발음하도록 허락했다. 유럽에서 가장 존경스런 두 기관이 한 알파벳 글자의 운명을 결정하는 일에 전념하는 것이 아름다워 보였다."

여기서 문제가 된 발음은 Q자를 포함하는 라틴어 단어들의 발음이며, 계기가 된 단어는 'quamquam(…임에도 불구하고)'이라는 것을 상기하자. 'Q'로 발음하면 오늘날의 'quadrature(구적법, [kwadʀaty:ʀ])라는 단어와 같은 소리를 포함하는 반면, 'K'로 발음하면 오늘날의 'quart(4분의 1, [ka:ʀ])와 비견될 만한 소리를 포함했다.'

마지막으로 cancan(쑥덕공론)이라는 단어는 이 사건으로 거슬러 올라가 보면, 본래 '대학에서의 엄숙한 연설'을 의미했다. 하지만 이 기원은 금세 잊혀지고, '그럴 가치가 없는 어떤 것을 둘러싼 무성한 소음'이라는 표현적 가치를 부여받았다.

수량화된 질
Qualité quantifiée

Q 스코어(Q-score)는 미국의 한 마케팅 회사가 만들어낸 것이다. 1960년대 이래로, Q 스코어는 회사들이 유명인사의 '상업적' 가치를 측정할 수 있도록 해 주었다. 이 장치는 영화배우, 다양한 장르의 예술가들, 스포츠계 인사 등에 관해 각 스타에 대한 등급과 점수를 제시하고, 브랜드들과 회사들, 심지어 허구적인 인물들까지도 점수가 매겨진다. 기본적인 확인에는 그리 희귀한 것은 없다. 유명한 사람들일수록 주목을 더 받고, 이런 관심은 일종의 '수익'이다.

이 시스템은 어떻게 운영될까? 1년에 두 번씩 미국의 수천 가구에 설문지가 보내진다. 답변자는 어떤 스타를 알고 있고, 그들을 얼마나 좋아하는지 명확하게 밝혀야 한다. 이 정보들에 관한 통계 작업 후 일종의 '힛퍼레이드'를 알릴 수가 있다. 북아메리카에서, 2002년 가장 높은 Q 스코어를 획득한 스타는 56점을 받은 톰 행크스였다. 줄리아 로버츠는 36점으로 6위였다[67]. 높은 Q 스코어는 스타에게 더 높은 광고수입을 올려줄 뿐만 아니라, 제작사나 감독들에게 자신의 가치를 내세우는 것을 가능하게 해준다.

이건 뭐?

Quésaque?

- Q 열병은 콕시엘라 박테리아(coxiella burnetii)에 의해 감염되는 질병으로서, 이 박테리아는 반추동물을 감염시킨다. 인간은 보통 먼지를 들이마심으로써 감염된다. 이 질병은 인간에서 인간으로는 전염되지는 않는다. 이 질병은 세계적으로 분포되어 있고, 프랑스에서도 전역에서 나타났으며, 2002년에는 샤모니 계곡 일대에 타격을 주었다. 에드바르트 데리크(Edward Derrick, 처음으로 이 질병을 묘사한 오스트리아인)에 따르면 Q자는 "나는 이게 무엇인지 이해가 안 간다!"는 개념을 실어야 했다.
- Q 미터(Q meter)는 리액턴스(reactance)와 과전압 비율을 측정하는 기계이다.
- 제임스 본드(James Bond)의 근사한 자동차와 기타 장비들을 개발하는 부스로이드(Boothroyd) 소령의 암호명은 Q이다.
- Q자는 아마추어 무선사들에게 중요한 구성요소이다. 몇 가지 예를 들어보자. QRO는 '힘 있는', '큰', 그리고 더 확장하면, '근사한', '상냥한', '친절한'을 의미한다. 그리고 QRM22는 경찰, QRM blue는 경찰관, QRM red는 헌병, QRU는 '더 이상 이야기할 것 없음'을 의미한다.
- 만약 당신이 롤링 스톤즈(Rolling Stones)의 팬

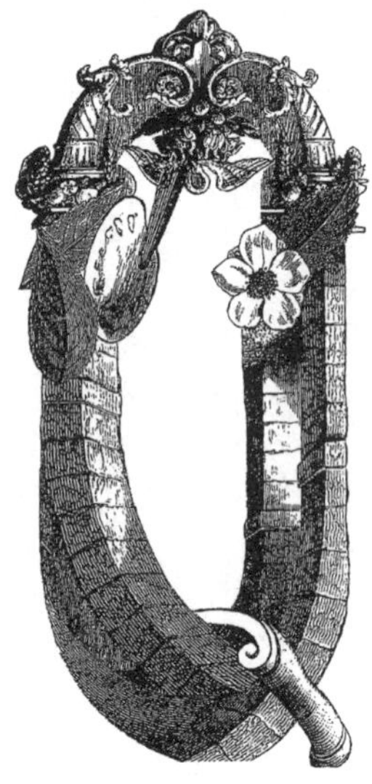

이라면, 〈수지 Q(Susie Q)〉를 알 것이다. 원래 Suzie Q(Z를 쓰는)는 1930년대의 댄스 스텝의 이름이었다.

기타 등등...
Tutti quanti

- Q자는 U([y])자 곁을 떠나는 일이 드물기 때문에 Q([ky])라고 이름 붙여진 것일까?[68]
- 쿠르 드 제블랭(Court de Géblin)에게 Q의 소리는 고기 자르는 칼이나 도끼의 소리이다.
- 알파벳-성서적 이론도 있다. 에덴 동산에서 뱀이 등장하는 장면을 Q자에서 쉽게 읽을 수 있다. Q자의 꼬리는 인간, 즉 O자의 완벽한 통일성을 깨뜨리러 오는 뱀을 나타낸다. 이는 인성(人性)에 대한 큰 문제 제기로 이끌어진다.
- 성서 주석가들(알파벳-성서 이론과는 다른 장르)은 복음서 자체가 아닌 다른 데 그 원천이 있다고 생각하는 복음서 구절을 가리킬 때 Q자를 이용한다. Q는 여기서 '원천'을 뜻하는 독일어 'Quelle'의 약자이다. (참고로, 복음서들을 가장 오래된 순서로 나열하면 마가복음, 마태복음, 누가복음, 요한복음 순이라고 여겨지고 있다.)
- Q자가 풍기는 느낌이 당황스러운 것이 될 수도 있다. 프랑수아즈 사강이 자신의 본래 성인 쿠아레즈(Quoirez)를 바꾸지 않았다면 그렇게까지 성공하지는 못했을 것이라는 의견도 있었다.
- 한 아기 장난감 제조사는 물렁물렁하고 내구력 있는 소재로 알파벳 시

리즈를 만들었다. 그들의 설명서에 따르면, 이 글자들은 "으깨고 씹는 연습을 통해 턱뼈의 움직임을 발달시키는 데" 쓸모가 있다. Q자는 "양쪽으로 씹는 연습을 위해 완벽한" 장점을 지녔다.

● Q자는 매우 광범위한 영역에서 매력을 발휘한다. 가명, 무대공연 이름, 영화나 소설이나 TV 프로그램 제목들, 연극 제작의 이름들, 문학이나 영화의 등장인물 이름들 등에서... 과학자들도 Q에서 여지를 폭넓게 이용했다. 천문학, 정보처리과학, 물리학, 생화학 등에서...

고메스 데 세르나에 따르면, "Q는 O가 환희에 차서 꼬리를 흔들던 날 태어났다". 다른 알파벳 전문가는 Q에게 있어 O는 R에게 있어 P의 존재와 같다고 주장한다. 그렇다면 가 보자!

R가 어떠한지?

---

66. 저자는 『문자의 에스프리』를 다루며 가능할 때마다 언어유희를 즐긴다. Q는 프랑스어로 엉덩이를 의미하는 *cul*와 발음이 같다. 따라서 여기에서 'Histoire de Q et de faux Q'는 'Histoire de cul et de faux cul(음담패설과 위선자 이야기)'로 해석될 수도 있다. (역자 주)

67. 퀘벡에는 'D 지수(indice-D)'라고 부르는 퀘벡만의 Q 스코어가 있는데, 10을 기준

으로 점수가 매겨진다. 2002년에 가장 높은 D 지수는 코미디언 리즈 디옹(Lise Dion)이 받은 10점 만점에 6.94점이었다.

68. Q는 U의 앞에 K를 붙인 소리, 즉 KU로 발음되며, 프랑스어에서 Q로 시작하는 단어 중에는 'QU-'로 시작하는 경우가 많다. (역자 주)

위고의 알파벳*

ALPHABET HUGOLIEN

론 강이 제네바 호수를 빠져나오면 쥐라산맥의 긴 벽을 만나고, 쥐라 산맥은 사부아 지방에서 그 강을 부르제 호수까지 밀쳐낸다. 거기서 론 강은 출구를 발견하고 프랑스로 돌진한다. 그리고 대번에 리용에 와 있게 된다.

쥐라산맥의 울퉁불퉁한 초록빛 산등성이 위 멀리에서는, 급류가 흐르다가 메말라버린 누런 물길들이 곳곳에서 Y자를 그리고 있었다.

Y자가 수없이 많은 의미를 지니는 얼마나 그림 같은 글자인지 눈여겨본 적 있는가? 나무는 Y자 모양이다. 도로가 둘로 갈라지는 분기점도 Y자이다. 두 개의 하천이 합쳐지는 곳도 Y자이다. 당나귀나 황소의 머리도 Y자이고, 다리가 달린 유리잔도 Y자이다. 줄기 달린 백합꽃도 Y자이고, 하늘을 향해 두 팔을 올리고 애원하는 사람도 Y자이다.

게다가 이런 관찰은 인간의 문자를 기본적으로 구성하는 모든 것에까지 확대될 수 있다. (…) 알파벳은 샘이다. A는 지붕, 가로대가 있는 박공, 아치, 성채(arx)이다. 또는 서로 뺨인사를 하거나 악수하는 두 친구의 포옹(arcolade)이다. D는 등이며, B는 D 위에 D가 있는, 즉 등 위에 등이 있는 곱사등이다. C는 초승달(croissant), 그러니까 달이다. E는 토대, 일직선 다리, 콘솔 테이블, 건축이다. 단 한 글자 속에 천장까지 있는 건축물 전체가 담겨 있다. F는 교수대, 쇠스랑(fourche), 교차 다리(furca)이며, G는 호른이다. H는 탑이 두 개 있는 건물의 정면이다. I는 포탄을 쏘는 병기이며, J는 보습의 날이기도 하고, 풍요의 뿔이기도 하다. K는 기하학의 핵심들 중 하나인 입사각(入射角)과 같은 반사각과 같다. L은 다리와 발이다. M은 산이거나 야영장, 즉 짝지어 있는 텐트이다. N은 대각선의 빗장이 달린 닫힌 문이다. O는 태양이다. P는 등에 짐을 지고 서 있는 짐꾼이다. Q는 꼬리 달린 엉덩이다. R는 휴식, 자신의 막대기에 기대고 있는 짐꾼이다. S는 뱀이고, T는 망치다. U는 단지(항아리)이며, V는 꽃병이다.(그래서 이 둘을 혼동하는 것이다.) Y가 무엇인지는 좀 전에 말했다. X는 교차된 검들이며, 교전이다. 누가 이기려나? 우리는 모른다. 그래서 연금술사들이 X를 운명의 징조로 여겼고, 대수학자들은 모르는 수의 기호로 사용했던 것이다. Z는 번개이며, 신이다.

En sortant du lac de Genève, le Rhône rencotre la longue muraille du Jura qui le rejette en Savoie jusqu'au lac du Bourget. Là, il trouve une is-

sue et se précipite en France. En deux bonds il est à Lyon.

Au loin sur les croupes âpres et vertes du Jura, les lits jaunes des torrents désséchés dessinaient de toutes parts des Y.

Avez-vous remarqué combien l'Y est une lettre pittoresque qui a des significations sans nombre? L'arbre est un Y: l'embranchement de deux routes est un Y; le confluent de deux rivières est un Y, une tête d'âne ou de boeuf est un Y; un verre sur son pied est un Y; un lys sur sa tige est un Y, un suppliant qui lève les bras au ciel est un Y.

Au reste, cette obervation peut s'étendre à tout ce qui constitue élémentairement l'écriture humaine. (...) L'alphabet est une source. A, c'est le toit, le pignon avec sa traverse, l'arche, arx*; ou c'est l'accolade de deux amis qui s'embrassent et qui se serrent la main; D, c'est le dos; B, c'est le D sur le D, le dos sur le dos, la bosse: C, c'est le croissant, c'est la lune; E, c'est le soubassement, le pied droit, la console et l'architrave, toute l'architecture à plafond dans une seule lettre; F, c'est la potence, la fourche, furca; G, c'est le cor; H, c'est la façade de l'édifice avec ses deux tours; I, c'est la machine de guerre lançant le projectile; J, c'est le soc et c'est la corne d'abondance; K, c'est l'angle de réflexion égal à l'angle d'incidence, une des clefs de la géométrie; L, c'est la jambe et le pied; M, c'est la montagne, ou le camp, les tentes accouplées; N, c'est la porte fermée avec sa barre diagonale; O, c'est le soleil; P, c'est le portefaix debout avec sa charge sur le dos; Q, c'est la croupe avec sa queue; R, c'est le repos, le portefaix appuyé sur son bâton; S, c'est le serpent; T, c'est le marteau; U, c'est l'urne; V, c'est le vase (de là, vient qu'on les confond souvent); je vient de dire ce que c'est qu'Y; X, ce sont les épées croisées, c'est le combat; qui sera vainqueur? on l'ignore; aussi les hermétiques ont-ils pris X pour le signe du destin, les algébristes pour le signe de l'inconnu; Z, c'est l'éclair, c'est Dieu.*

* 『여행 *Voyage*』, 1839년 9월 24일. W가 없는 것은 1839년의 프랑스 알파벳의 상태에 부합된다.

[ɛːʀ]

R, 분위기와 영역

R, ses airs et ses aires

R자의 평판에 대해 말하자면, 싫증나고(rebutante), 혐오스럽고(repoussante), 역겹다(répugnante)고 할 수 있다. 어떤 사람들은 심지어 분노가 치미는(révoltante) 글자라고까지 주장할 것이다. 그렇다면 R자는 그토록 가공할 만한(redoutable) 무엇을 갖고 있는 걸까?

우선 R자는 못된 개의 으르렁거림이나 짖어대는 소리와 비슷하다는 점 때문에 개의 글자라고 한다.(웅변가 페르시우스는 R자를 'littera canina(개의 문자)'라고 표현했다.) 쥐비날(Jubinal)은 R가 없었다면 뼈다귀를 갖고 있는 개가 그것을 빼앗고 싶어 하는 다른 개로부터 자신을 방어하지 못할 것이라고 명확히 말한다. 마지막으로, 데상브르-알로니에의 말이 믿을 만한 것이라면, 이 글자는 특히 공포(terreur), 혐오(horreur), 격노(courroux), 혹독함(dureté) 등을 표현하는 단어들 속에서 사용된다.

피에르-앙투안 오귀스탱 드 피이스는 좀 더 폭넓게 긁어모았다.

> r는 구르면서 다가와, 마음껏 돌면서
> 빠른 도르래의 은밀한 소리를 재생한다.
> r는 하천의 흐름을 단숨에
> 격류의 경주, 천둥의 굉음으로 만들어버린다.

바르텔르미의 R는 그보다는 왕 같은 분위기를 띤다.

R는 위엄이 있다. 질질 끌리는 드레스를
허리띠로 꽉 조이는 여왕을 보는 것만 같다.

L'r en roulant approche, et, tournant à souhait
Reproduit le bruit sourd du rapide rouet,
Elle rend, d'un seul trait le cours d'une rivière,
La course d'un torrent, le fracas du tonnerre..

L'R est majestueuse, on croit voir une reine
Serrant par la ceinture une robe qui traîne.

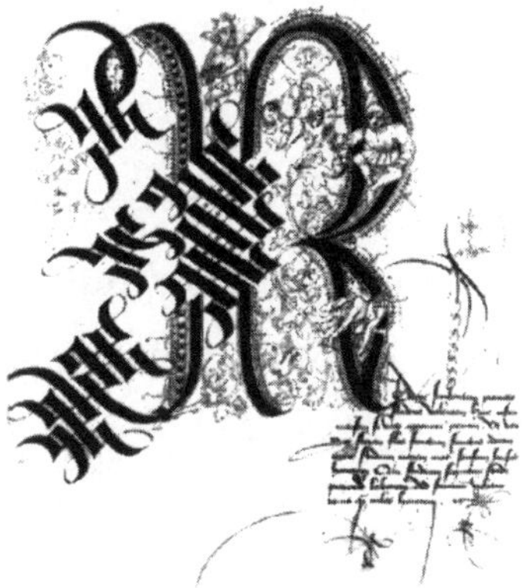

앨프리드 컬리어는 R자가 비물질적인 세계와 실제 세계를 동시에 지배했다고 말하면서 유사한 감정을 갖고 있었다. 왜냐하면 R자는 rabbin(랍비), roi(왕), reine(여왕), royauté(왕정), régent(섭정), rajah(인도의 독립영주)의 맨 앞에 있으니까. 그렇다. 그는 영국인이다. 영국 신사들에 대해 잠깐 얘기해보자면, 예전에 그들은 하층민들이나 대단한 불량배들('rogues, 건방진 자들')의 맨살에 시뻘겋게 달군 쇠로 R자의 자국을 남겼던 자들이다.

완전히 다른 측면에서 보자면, 좀 더 나중에 프랑스의 총재정부 하에서 왕정주의적 반발은 우스꽝스러움을 추구하는 것이 특징이었다. 첫째, 의복에 관한 것으로서, 그 젊은이들은 기상천외한 의상을 입으려 했다. 둘째, 언어학적인 것으로서, 말을 할 때 R의 소리를 몰아내려 했다.[69] 당시 매우 인기 있던 가수 가라(Garat)가 이런 익살을 진정한 유행으로 바꿔놓은 것 같다. (r를 목구멍에서 발음하는 것을 표현하기 위한 '가라티슴garatisme'

이라는 용어가 여기서 생겨난다.) 이런 익살꾼들에 의해 발음되는 전형적인 문장들 중 하나인 "맹세코, 믿을 수가 없군.(C'est incoyable, ma paole d'honneu.)"[70]가 'Incroyable(대혁명 집정관 시대의 멋쟁이 젊은이들)'[71]이라는 이름을 그들에게 부여했을 것이다.

R자의 방황
Errements de la lettre R

로타시슴(rhotacisme, 다른 소리를 r로 바꾸어 발음하기)도 여전히 R자와 연관 있는데, 그 의미는 다양하게 변했다.

- 다른 글자를 R로 대체하기. 예를 들어 프랑스어가 라틴어 단어인 apostulus, diaconus, capitulum을 apôtre(사도), diacre(부사제), chapitre(장)로 바꾼 방식도 이에 속한다. 13세기에는 materas이던 것이 matelas(매트리스)가 된 사례처럼 반대 현상도 생겨났다.
- R자의 빈번한 사용. 라신(Racine)을 예로 들어보자. 아주 인상적이었다. "A travers les roches, la peur les précipite; L'essieu crie et se rompt. (두려움이 그들을 바위 너머로 몰아넣는다. 굴대가 요란스런 소리를 내더니 부서진다.)" 『페드르*Phèdre*』

- R자 발음의 어려움, 심지어 불가능함은 집정관 시대의 멋쟁이 젊은이들('Incroyables')의 질병과도 같은 허세였다.

아무렇지도 않은 듯 살그머니 R자는 프랑스어

내에서도 다른 방황들을 겪었다. 이웃한 모음과 자리를 바꾸어서(학자들은 이런 현상을 '음위전환(音位轉換)'이라고 부른다.), 예전의 formage가 fromage(치즈)로, berbis는 brebis(암양), beuvrage는 breuvage(음료), temprer는 tremper(적시다)로 되었다.

R와의 약속

Rendez-vous avec R

몰리에르는 R자의 발음에 관한 정보(1670년의『부르주아 귀족*Bourgeois gentilhomme*』)을 프랑스 학술원 회원인 제로 드 코르드무아(Géraud de Cordemoy)의『말에 대한 물리적 담론*Discours physique de la parole*』에서 끌어냈다. 몰리에르가 드 코르드무아의 글을 베꼈다고 하는 것이 더 맞다고 해야 하지 않을까?

- 몰리에르: "그리고 R자는 혀끝을 입천장 높이까지 들고 있다가, 힘차게 나오는 공기가 스쳐갈 때 그 공기에게 양보하고 나서 여전히 같은 곳으로 돌아온다. (…)"
- 제로 드 코르드무아: "그리고 R자는, 혀끝을 입천장 높이까지 들고 있으면서, 힘차게 나오는 공기의 스침을 받도록 그 공기에 양보하고 나서 종종 같은 곳으로 돌아온다. (…)"

2007년에 니스 국제 박람회는 R자를 다양한 방식으로 찬양하면서 이 글자에게 영예를 돌렸는데, 그 중 첫 번째가 행사의 부제를 'Du Rêve à la Réalité(꿈에서 현실까지)'라고 붙인 것이다. 그리고 그에 따른 주제별 행사 제목들은 Régime(다이어트), Récréation(레크리에이션), Rhumatologie(류머티스학), Relooking(외관을 새롭게 꾸미기), Rugby(럭비), Route des saveurs(맛의 길), Recettes niçoises(니스 식 요리법), Révélations artistiques(예술적 발견), modèles Réduits(축소 모델), Rêves de sport(스포티한 꿈)이었다.

만약 당신이 점성가라면, R자는 당신에게 있어 '역행운동을 하는(rétrograde)' 행성이다. 점성가가 아니라고? 아, 그렇다면 잘 됐네.(이 말을 하기에 딱 적절한 기회이다.) 당신은 그럼 라캉파 정신분석가로군. 당신은 R자가 어머니(mère)라는 것을 알고 있다. 하지만 아버지(père)이기도 하다.

R와 관련된 정보
Renseignements relatifs à R

- 링갈라어(반투어의 일종)에서 R자는 외래어를 제외하고는 쓰이지 않는다.
- 우크라이나어에서는 R의 생명이 위험에 처해 있는 것으로 보인다. 소생 시도가 여러 번 있었지만, 아직까지 알려진 성과는 없다.
- 피에르 라루스의 조사에 따르면, "R는 또한 휴런어, 멕시코어, 오토미어와 기타 아메리카 지역 사투리 및 카프라리아어와 폴리네시아의 여러 고유어들에도 없다. 미국 메사추세츠의 인디언들과 델라웨어족과 체로키족들도 이 글자를 발음하지 못한다".

- 키예(Quillet)는 방향이 좀 더 분명한 시각을 갖고 있었다. 그에게 있어 자음 R는 중국어를 제외한 모든 언어들에 있다. 그런데 몽골어와 만주어에는 R로 시작되는 단어가 전혀 없음도 명시한다.
- 〈에르 드 레엘(*R de Réel*, 실제의 R)〉은 2000년대 초에 발행되었던 프랑스 정기간행물의 이름이다. 목표는 매회 알파벳 한 글자씩을 다루어 총 26호를 발간하는 것이었다. 그 내기는 지켜졌고(이 중 몇 호는 두세 글자를 하나로 묶어서 발행했다), Z까지 발행된 후 이 간행물은 폐간되었다.
- "Mensibus erratis, purissima vina bibatis."[72] 동의하는가? 이름에 R자가 들어가는 달에는 조개류를 먹으면 안 된다는 것을 우리는 이미 알고 있다. 그런데 이번에는 훨씬 더 재미있는 명령이다. R자가 들어가는 달에는 물 없이 와인을 마셔야 한다.
- 3R이란? 영국 초등학생의 3R 'reading(읽기), writing(쓰기), arithmetic(산수)'을 이야기하는 것이 아니라, 그들의 몇몇 조상을 흥분시킨 신학논쟁의 3R 'romanism(로마가톨릭주의), ritualism(19세기 영국 국교교회의 의식주의), rationalism(합리주의)'이다. 혹은 1884년 미국 대통령 선거에서 공화당 지지자들의 구호인 'rhum(럼주), romanism(로마가톨릭주의), rebellion(반란)'이다.
- 일상 생활에서 만날 수 있는 위험들은 그림기호와 개별적인 코드화를 통해 환기된다. 게다가 위험 전체는 R자로 등급이 분류되어 있다. 이와 관련된 정보는 2001년 8월 21일자 〈EU 공보 *Official Journal of the European Union*〉에서 11개국어로 접근 가능하다.(분류번호 L225/121) 예를 들어 코드 R57은 꿀벌에게 유독한 제품임을 알리는 코드다.
- 뷔퐁(Buffon)은 동물들에 대해 모르는 게 없었다. 그래서 그는 전문가로서 "찌르레기가 R자를 분명하게 발음한다"고 장담할 수 있었다. 아마도

그는 그 문제를 놓고 실험을 매우 많이 했을 것이다.

프랑스어가 모국어가 아닌 사람들은 R의 잘못 때문에 정신없이 헤매게 된다. 왜 Angers는 '앙제'이면서, Gers는 '제르스' 또는 '제르'인가? 왜 Nevers는 '느베르'이면서, Rambervillers는 '랑베르빌레'인가? Cerf(사슴)는 '세르'이면서, serf(농노)는 왜 '세르프'인가? 왜 porcs-epics(고슴도치)은 '포르케픽', Bourg-en-Bresse는 '부르컹브레스'[73]라고 발음하는가? Thiers는 '티에르'라고 하면서 왜 Poitiers는 '푸아티에'라고 하는가? Villers가 붙어 있는 곳들(Villers-Cotterêts, Villers-le-Bel, Villers-sur-Marne, Villers-Bretonneux, Villers-la-Ville)에는 어떻게 접근하는가? 정신 못 차리겠다. 프랑스어가 모국어가 아닌 자들만 S로 가도록 하라.

---

69. 어떤 작가들은 이것이 조세핀의 말투를 조롱하기 위해 만들어진 것이라고 추정한다.

70. 본래의 정확한 표기는 "믿을 수 없어, 맹세코!"를 뜻하는 "C'est incroyable, ma parôle d'honneur."로, R를 발음하지 않으면 본문의 인용문과 같이 들린다. (역자 주)

71. 툭하면 "C'est inc(r)oyable. '믿을 수가 없어.' 또는 '말도 안 돼.'"라고 연신 말하는 버릇이 있어서 이런 이름이 붙었다.

72. 의역하면, "괴로운 달에는, 순수한 와인을 마셔야 한다."이다. (역자 주)

73. 실제로는 '부르엉브레스'로 발음하는 사람들도 많다. 예를 들어 뉴스에서도 종종 이렇게 발음한다. (역자 주)

알파벳에 관한 간단한 질문서*

PETIT QUESTIONNAIRE ALPHABÉTIQUE

가장 종교적인 두 글자는?	AB (abbé, 수도원장)
가장 덜 종교적인 두 글자는?	AT (athée, 무신론자)
가장 나이 많은 두 글자는?	AG (agé, 나이 든)
멍청하지 않은 사람들에게 가장 적합한 두 글자는?	ID (idée, 사고, 생각)
시장에서 돌아오면서 내뱉는 세 글자는?	GHT (J'ai acheté, 나는 샀다)
우리로 하여금 가장 많이 들이마시게 하는 글자는	l'R (l'air, 공기)
술꾼들이 가장 싫어하는 글자는?	le T (le thé, 차)
가장 기분 좋은 음료를 마련해 줄 수 있는 글자는?	KKO (cacao, 카카오)
의상디자이너에게 제일 유용한 글자는?	le D (le dé à coudre, 골무)
가장 겁쟁이인 글자는?	l'H (lâche, 비겁한)
가장 잘 흔들리는 흔들거리는 글자는?	l'L (l'aile, 날개)
열심히 일하는 사람들에게 가장 잘 어울리는 세 글자는?	OQP (occupé, 바쁜)
없으면 매미가 노래할 수 없는 두 글자는?	l'ÉT (l'été, 여름)
갓난아기들에게 가장 생산적인 두 글자는?	l'È (lait, 우유)
다른 것들로부터 떨어져 나가려고만 하는 두 글자는?	OT (ôter, 벗다)
애국자들을 가장 기쁘게 하는 두 글자는?	PI (pays, 국가)
가장 왕정주의자인 두 글자는?	KP (Capet, 프랑스 카페 왕조)
가장 사회주의자인 두 글자는?	KB** (Cabet, 에티엔 카베)
은행가나 투자자들에게 가장 친숙한 세 글자는?	AJO (agio, 수수료 차익)
사랑하는 사람들이 가장 자주 말하는 두 글자는?	M (aime, 사랑해)
신혼부부가 가장 좋아하는 두 글자는?	BB (bébé, 아기)
가장 바쁜 두 글자는?	JV (je vais, 나 간다)
가장 덜 프랑스적인 글자는?	Y (ygrec, 이그렉)
가장 게으른 글자는? 왜? 알파벳 중에서 제일 나중에 나오기 때문이다.	Z (zed, 제드)

* 1885년 1월 18일자 및 2월 1일자 『지그재그, 삽화가 들어있는 정치, 문학, 사교 신문 *Journal illustré, politique, littéraire et mondain*』에 실린 랭보(J-A. Rimbaud)의 글.

** 공산주의 모임 '이카리앵'(Icariens)을 만든 에티엔 카베(Etienne Cabet, 1788-1856)의 이름에서 온 것.(이는 랭보가 아니라 필자가 제공하는 정보이다)

[ɛs]

뱀 문양의 패권

Suprématie serpentine

S자는 고질적으로 뱀과 연결되는 것 같다. 베슈렐의 해석은 다음과 같다.

"S자 형상의 비밀을 찾기 위해 고심할 필요는 없다. S자 형태는 그것이 대표하는 소리와 너무도 완벽하게 일치하여 그 형태와 소리를 함께 비교해보기만 하면 즉각 S자를 생각나게 한다. 실제로 S의 발음은 뱀이 내는 소리와 너무나도 유사하여, 그 소리가 흉내 내는 자연적인 외침의 주인공인 바로 그 동물처럼 굽이치는 형태를 그 소리가 스스로 설명해주지 않는가? 그것은 간단한 소묘나 불완전한 밑그림이 아니다. 그것은 자신의 모델을 그대로 옮겨놓은 진정한 재현이다. 그래서 이 글자는 가장 표현적인 글자들 중 하나이며, 상징의 정확성과 도안의 완벽성이라는 두 가지 이점을 겸비하고 있다. 그야말로 알파벳의 걸작이다."

알파벳의 걸작이라, 아마도 그럴 것이다. 하지만 그럼에도 불구하고 비판을 받았다. Z자가 S에 대하여 다음과 같이 단언한다.(루키아노스의『글자들의 대화』에서)

"나는 모든 글자들 중에서 S보다 더 위험한 글자는 없다고 생각합니다. S자가 뱀의 형상과 소리를 갖고 있어서일 뿐만 아니라, 뱀처럼 슬그머니 끼어들어서 자기가 뭘 해야 할지 모르는 단어들 사이에 자리하기 때문이기도 합니다. 게다가 C

나 저에 대해 아랑곳하지도 않고, 제가 당신을 섬기기 위해 들였던 열의(zèle)도 고려하지 않은 채, 두세 가지 방식으로 자신을 바꿉니다. (...) C와 ç(세디유)[74]가 그를 아주 잘 대신할 것이며, 그들이 그렇게 할 수 없을 때는 제가 그들의 필요를 저버리지 않을 것입니다."

S의 대답은 다음과 같았다.

"제가 뱀처럼 보이는지는 모르겠습니다만, 이 모든 모욕을 견디기 위해서는 뱀의 신중함이 필요하겠군요."

그러자 '용법'이 결론을 내린다.

"s가 단어 속에서 그 존재가 느껴지지 않는 자리에 있다면 그런 s는 빼버릴 것을 허락할 것입니다. 단, s가 빠진 대신 강세부호(악상테귀나 악상그라브 등)를 표시하여 우리 눈이 익숙해지게 하기만 한다면 말입니다."

어떤 S를 위해 살해당한 42,000명

42 000 assassinés pour un S

이스라엘의 두 부족인 에브라임족과 길르앗족은 서로 적이 되었다. 이 두 반대세력 간에 벌어진 한 전투에서, 에브라임족은 자신들의 영토에서 멀리 떨어진 곳에서 길르앗족에게 패배했다. 승리한 길르앗족은 일종의 '체크포인트 찰리(Checkpoint Charlie, 이런 시대착오적 표현을 허락하신다면...)'[75]를 요단강가에 세웠다.

계속하기 위해 원전으로 돌아가보자. “길르앗족은 요단강의 에브라임 쪽에서 걸어서 건널 수 있는 곳을 점령했다. 그리고 에브라임족 중에 도망가는 사람이 ‘건너갈 수 있게 해달라!’고 말하면, 길르앗 사람들은 ‘너는 에브라임족이냐?’라고 물었고, 도망자는 ‘아니오’라고 대답했다. 그러면 길르앗 사람들은 ‘좋아, 그럼 쉬볼렛(*Schibboleth*)이라고 말해봐’하고 요구했다. 도망자는 ‘시볼렛(*Sibboleth*)’이라고 말했는데, 왜냐하면 에브라임족은 쉬볼렛을 제대로 발음할 수 없었기 때문이다. 길르앗 사람들은 이를 잘 알고 있었고, 따라서 요단강의 건널목에서 도망자를 참수했다.” (사사기, 12장 5-6절)

S의 동의어
Synonyme de S

왜 고문서들은 s대신 ‘f’를 포함하고 있을까? “C’eft affommant.”[76] 이것은 여러분이 원치 않더라도 혀 짧은 소리를 하게 만든다. 사실은, 이 글자 ſ는 f에서 가로획(혹은 가로획의 오른쪽 부분)만 빼고 나머지는 똑같다. 이 글자는 오늘날 우리가 사용하는 ‘동그란 s’에 비하여 ‘긴 s’라고 불린다. 전통적으로, ‘동그란 s’가 대개 단어의 끝에 사용된다면, ‘긴 s’는 단어의 처음이나 중간에 쓰였다.

‘긴 S’는 ‘s를 길게 하다.(allonger les s)’라는 옛 표현을 이해할 수 있게 해준다. 이 표현은 화폐단위가 수(sous, 혹은 솔(sols))와 프랑(franc)이던 시절에 쓰였다. ſ(긴 s)에 꼬리를 덧붙여서 그것을 ‘f’로 바꾸곤 했다. 그러면 ‘수(sou)’였던 것이 ‘프랑’이 된다. 1프랑은 20수였으므로, 그런 식으로 계산을 속이면 이익이다!

안전하게 지냅시다!
Soyons en sécurité!

R자에서 당신은 위험들을 만났었다. 그러니 S항목에서 위험 방지 안전조치들에 대한 내용이 소개되는 것은 자연스런 일이다. 그런 안전조치들은 60가지가 넘는데, 종종 'S 문구(文句)' 라고 불린다. 이 대책들은 평범한 S1(보관할 것)에서 S12(용기를 밀봉하지 말 것. 여기에서 우리는 '그렇지 않으면 폭발한다'는 것을 짐작할 수 있다), S20(사용하는 동안 먹지도 마시지도 말 것, 특히 제품을 빵에 발라먹지 말 것), S29(남은 것을 하수구에 버리지 말 것, 이것은 정말 독극물임에 틀림없다), 그리고 정말 걱정되는 S41(화재나 폭발 시 연기를 들이마시지 말 것. 솔직히 만약 폭발이 있었다면, 우리는 벌써 뛰어서 나가버리지 않았을까?)까지 간다. S44(사고가 났거나 몸이 불편한 경우, 의사의 진찰을 받을 것)와 S45(사고가 났거나 몸이 불편한 경우, '즉각'[77] 의사의 진찰을 받을 것)는 혼동하지 말아야 한다. 마지막으로, S62(섭취한 경우 토하지 말 것. 즉각 의사의 진찰을 받을 것)을 염려해야 한다. 그리고 재빨리 의사를 만나러 가야 한다.

외설에 관한 사회언어학자
Sociolinguiste du scabreux

조프루아 토리는 문자 전문가였다. 하지만 약간은 오늘날 사회언어학자라고 불릴 만한 그런 전문가이기도 했다. 그 시절(16세기 초)의 프랑스어에서는 단어 맨 마지막에 쓰인 s자를 발음했었다. 토리는 '파리의 부인들'이 그 끝 글자를 발음하지 않는 경향이 있다는 것을 알아차렸다. "(...) 그녀들은 "Nous avon(se) dîné en un jardin, et y avon(se) mangé des prune(se) blanche(se) et noire(se), des amand(se) douce(se) et amère(se), des figue(se) molle(se), des pomme(se), des poire(se), et des groseille(se)" 라고 말하는 대신에, "Nous avon dîné en un jardin, et y avon mangé des prune blanche et noire, des amande douce et amère, des figue molle, des pomme, des poire et des groseille"라고 말한다[78]. 이 악습이 여성으로부터 남성에게로 온 것일 뿐이라면 그들로서는 용서할 만했을 것이다." 요컨대, 프랑수아 1세 때의 남자들은 오늘날의 표기대로 말을 했고, 여자들은 오늘날 우리가 말하는 것처럼 말했던 것이다.

잡탕
Salmigondis

- S의 쌍둥이인 'ès(...에 있어서)'는 까다롭다! 이 전치사는 복수 앞에서만 쓸 수 있다. 그러니 'ès' 다음에 오는 단어에서는 복수형을 나타내는 s를 잊지 말고 꼭 붙이도록 하자!
- 가독성에 대한 전문가인 마일즈 팅커(Miles Tinker)의 연구에 따르면, 대문자 S는 26글자 중 가장 가독성이 떨어지고, 소문자 S는 꼴찌에서 두 번째이다[79]!
- '콩피덩(confident)'이란 무엇인가? 이것은 S자 모양의 의자로, 의자에 앉는 두 사람이 서로 마주보게 되는 모양을 하고 있다. 이런 유형의 가구는 프랑스 왕정복고 시절에 유행했다.
- 단어의 끝에 첨가된 어미음 첨가형 S는 Londres(런던), Chartres(샤르트르), Saintes(생트) 같은 단어들의 끝에서 보게 되는 s이다.
- 크노(Queneau)의 목이 긴 남자의 첫 만남이 이루진 것은 버스노선 S(나중에는 84번 버스 노선)에서였다는 것을 우리는 잊지 않을 것이다. [80].

여기는 노선 S의 종점. 이제 T를 탈 것이다.

74. 모음 a, o, u 앞의 c를 [s]로 발음하기 위해 c 밑에 붙이는 기호. (역자 주)

75. 1989년까지 동서 베를린 사이에 있던 검문소. (역자 주)

76. 현대 프랑스어로 옮기면 “c'est assommant. (귀찮다)”이다. (역자 주)

77. 이는 필자가 강조하는 사항이다.

78. 원래 정확한 문장은 “Nous avons dîné en un jardin, et y avons mangé des prunes blanches et noires, des amandes douces et amères, des figues molles, des pommes, des poires et des groseilles. (우리는 어느 정원에서 저녁을 먹었다. 그리고 거기에서 흰색 자두와 검은색 자두, 달콤한 아몬드와 쓴 아몬드, 물렁물렁한 무화과, 사과, 배, 까치밥나무열매를 먹었다)”이다. 프랑스어에서 단어의 마지막에 오는 자음(특히 s)은 대부분 발음되지 않거나 매우 약하게 발음되어 들리지 않는다. (역자 주)

79. 'l'이 제일 마지막에 온다.

80. 프랑스의 시인이자 소설가인 레이몽 크노(Raymond Queneau, 1903-1976)의 『문체 연습*Exercices de style*』(1947) 중에서. (역자 주)

애정과 감정에 관한 알파벳*

ALPHABET GALANT ET SENTIMENTAL

Ariane (아리안)	글 앙리 드 레니에(Henri de Régnier), 석판화 W. 짐미(W. Gimmi)
Barbe (바르브)	글 장 지로두(Jean Giraudoux,) 석판화 이브 알릭스(Yves Alix)
Cholé (클로에)	글 드 노아이으(De Noailles) 백작부인, 석판화 르네 피오(René Piot)
Divine (디빈느)	글 콜레트(Colette), 석판화 뒤누아이에 스공작 (Dunoyer Segonzac)
Estelle (에스텔)	글 프랑수아 모리악(François Mauriac), 석판화 J.-L. 부생고(J.-L. Boussingault)
Flora (플로라)	글 발레리 라르보(Valery Larbaud), 석판화 앙드레 마르(André Mare)
Georgina (조르지나)	글 제롬 & 장 타로(Jérôme & Jean Tharaud), 석판화 라울 뒤피(Raoul Dufy)
Hippolyte (이폴리트)	글 에드몽 잘루(Edmond Jaloux), 석판화 레이몽 외드베르(Raymonde Heudebert)
Irta (이르타)	글 으젠느 마르상(Eugène Marsan), 석판화 베르톨트 만(Berthold Mahn)
Juliette (쥘리에트)	글 자크 셴느비에르(Jacques Chennevière), 석판화 오데트 데 가르(Odette des Gares)
Kate (케이트)	글 앙드레 모루아(André Maurois), 석판화 장 베르크(Jean Berque)
Laure (로르)	글 폴 발레리(Paul Valéry), 석판화 폴 베라(Paul Vera)
Marion (마리옹)	글 폴 모랑(Paul Morand), 석판화 마리아노 앙드뢰(Mariano Andreu)
Noémie (노에미)	글 알렉상드르 아르누(Alexandre Arnoux), 석판화 장 로누아(Jean Launois)
Ophélie (오펠리)	글 장 카수(Jean Cassou), 석판화 R.-Th. 보사르(R.-Th. Bosshard)
Psyché (프시케)	글 제라르 두빌(Gérard d'Houville), 석판화 마리 로랑생(Marie Laurencin)
Queenie (퀴니)	글 장-루이 보두아이에(Jean-Louis Vaudoyer), 석판화 모리스 바로(Maurice Barraud)
Roasalie (로잘리)	글 질베르 드 부아쟁(Gilbert de Voisins), 석판화 에디 르그랑(Edy Legrand)
Sarah (사라)	글 피에르 마크오를랑(Pierre Mac Orlan), 석판화 J.-G. 다라녜스(J.-G. Daragnès)
Thérèse (테레즈)	글 프란시스 드 미오망드르(Francis de Miomandre), 석판화 마리에트 리디스(Mariette Lydis)
Umé-Ko (우메코)	글 토마 로카(Thomas Raucat), 석판화 키요시 하세가와(Kiyoshi Hasegawa)
Virginie (비르지니)	글 자크 드 라크르텔(Jacques de Lacretelle), 석판화 뤽-알베르 모로(Luc-Albert Moreau)
Wilhelmine (빌레민)	글 앙드레 뵈클레(Adnré Beucler), 석판화 발도 바르베(Valdo Barbey)
X...	글 에밀 앙리오(Emile Henriot), 석판화 P.-J. 클레랭(P.-J. Clairin)
Yseult (이죄)	글 트리스탕 드렘(Tristan Derème), 석판화 알프레드 롱바르(Alfred Lombard)
Zoé (조에)	글 프랑수아 포스카(François Fosca), 석판화 샤를르 라보르드(Charles Laborde)

*『아리안에서 조에까지, 26명의 작가에 의해 시와 산문, 석판화로 장식된 애정과 감정에 관한 알파벳*D'Ariane à Zoé, alphabet galant et sentimental, agrémenté de vers, de proses et de lithographies, par vingt-six écrivains et autant d'artistes*』. 1920년에 220부가 출판된 책.

[te]

T의 과업
Tâches de T

2세기에 루키아노스는 시그마(*sigma*)와 타우(*tau*) 즉, 오늘날의 S와 T간의 소송을 상상한다. 재판관들 앞에서 S는 T를 독재와 탄압의 주동자로 고발하고, T는 독재자들이 사람들을 십자가형에 처하기 위한 십자가를 생각해낼 때 모델로 삼은 것으로 유명하다고 덧붙인다. '타우'가 십자가형을 의미하는 단어 '스타우루스(*staurus*)' 안에 있다는 사실이 이를 증명한다. (이에 대하여서는 추후에 다시 논의하겠다.)

1천 년 이상 얼른 지나 보면 T가 다시 완전히 파렴치해진다. 1827년까지, 영국에서는 도둑들의 엄지손가락에 빨갛게 달군 T자를 새겼다. (영어로 도둑을 지칭하는 'thief'를 뜻한다) 프랑스에서는 같은 방법으로 '강제노역(travaux forcés)'을 의미하도록 T자를 F자와 함께 새기거나, P자와 함께 새기어 '종신노역(travaux à perpétuité)'을 표시했다.

다시 한 세기를 지나자마자 인간은 다시 T에 의해 처형당한다. 동물의 영혼에 관한 수수께끼들을 파악하는 능력으로 알려진 콜레트(Colette)는 파블로프가 실험들에서 동물들에게 한 처치들에 격분하였다. 그 실험들은 파블로프가 노벨 상을 받음으로써(1904) 유명해졌다. 콜레트의 『동물의 평화*La Paix chez les bêtes*』라는 수상록에 실려 있는 '심리적 타액분비(La Salivation psychique)'에 관한 마지막 구절들을 보자.

"얼마나 가관인 악몽인가 (…) 파블로프 박사가 개들에게 붙잡혀서 쇠사슬에 묶여 자신의 새로운 실험동(棟)에 고립되어 메트로놈(拍子器)들이 내는 똑딱소리 때문에 집요하게 괴롭힘을 당하고, 먹을 것이 주어졌다가 빼앗기는 광경, 감전, 빨간색 램프의 출현과 소등, 크고 작은 허락들… 그가 T자 앞에서 침을 흘릴 때까지… 오! 과학의 승리여!"

너무 웃기는 이론들
Théories tordantes

통찰력 있는 알파벳 전문가 앨프리드 컬리어에게 있어 T자는 남성 성기의 기호일 뿐만 아니라 인간의 머리를 가리키는 기호이다. 고환(testicules)[81]과 머리(tête)라는 단어들에는 각각 t가 두 개씩 있다. 폭군(tyran), 삼중관(tiare), 터번(turban), 왕좌(trône), 천둥(*tonnerre*)와 같은 단어들은 T의 권세를 상징한다. 그러나 T는 나무도 나타내며, 그 자체로서 암수양성이다. T는 인간의 자웅동체에 대한 욕망을 충족시키며, 인류의 기원은 양성적 본형(兩性的 本形)에 있음을 공고히 한다. 컬리어가 자신의 이론 중의 일부를 토리의 이론에서 끌어 왔을까? 이름에서부터(Tory) T의 타고난 전문가인 이 식자공은 자신이 만든 '글자 인간'(116쪽)'의 T를 희극의 뮤즈인 탈리아(Thalia), 그리고 그가 "배뇨를 위한 남성 신체기관"이라 부르는 것에 연결시켰다. 그 둘 사이에 연관이 있을까?

T에 관한 다른 이론가 피에르-앙투안 오귀스탱 드 피이스는 다른 시각을 옹호한다.

T는 만지는 것에 집착하고, 때리고, 쓰러뜨리고, 죽인다.

T는 머리, 뒤꿈치, 조각상에 있다.
멀리서 종소리를 울리게 하는 것은 T이다.
물레방아의 떡딱 소리에서 T를 알아채지 못할 수가 있을까?
자연 한가운데서 모든 색조를 끌어내고,
타우(T자 형의 단장) 유형으로 정확히 재단된
T가 자기처럼 생긴 지붕들로부터 구조를 규정한다.
T는 모든 시대에 망치를 흉내 냈다.

Le t tient au toucher, tape, terrasse et tue;
On le trouve à la tête, aux talons, en statue;
C'est lui qui fait au loin retentir le tocsin.
Peut-on le méconnaître au tic tac du moulin?
De nos toits par sa forme il dicta la structure,
Et tirant tous les tons du sein de la nature,
Exactement taillé sur le type du tau.
Le T dans tous les temps imita le marteau.

한편, 쿠르 드 제블랭은 다음과 같이 단언한다.

"원초적인 T의 형태들 중 하나인 십자가는 완벽성, 완벽한 숫자인 10에 대한 그림이었고, 10의 값을 나타내는 십자가 모양을 한 두 손의 그림이나 모든 것을 포옹하기 위해 두 팔을 벌린 인간의 그림처럼 들어올려진, 위대한 모든 것에 대한 그림이었다."

그렇다고 해서 이런 유형의 광적인 사람들을 우리가 비난하지는 않을 것이다.

5 신학적 증언

Témoignages théologiques

T자와 그리스도의 십자가 사이의 유사성이 주해자들을 놀라게 하지는 않는다. 앨프리드 컬리어 또한 에둘러서 이 주제를 다룬다. 우선 그는 그리스도가 그리스어가 아니라 아람어(Aramic language)를 말했다는 점에 주목케 한다. 그러므로 의심할 바 없이 그리스도는 "나는 알파요, 오메가이니라."라고 하기보다는 "나는 알레프요, 타우이니라."라고 말했을 것이다.('타우'는 유태민족 알파벳의 마지막 글자이다.) 이렇게 말하면서 그리스도는 십자가에서 맞게 될 자신의 종말을 예언했다. 이 모든 것은 십자가가 왜 기독교인들에게 '총체성의 토템'인지를 설명해준다.

그러나 T자에서 모든 것이 온통 고통이기만 한 것은 아니었다. 1759년에 모레리는 이 점에 대해 명확히 설명한다. "이 글자가 십자가 형태로 만들어졌기 때문에, 벌을 받아 마땅한 도둑의 범죄를 지칭하는 데 사용되었다. 그러나 구세주가 자신의 죽음을 통해 이 형태의 형벌을 신성하게 만든 이후로, T는 구원의 표식으로 여겨졌다. (…) 계시록에서는, 선택된 자들의 이마에 T자가 새겨진다고 말하고 있다." 표시 방식은 명시되지 않았다. 문신일까?

T의 살롱(또는 찻집)[82]

Salon de T

● '음조상의 t'란 우리가 발음의 편의상 어구에서 덧붙이는 t를 이야기한다. 즉, "Rêve-*t*-il(그는 꿈꾸는가?)"의 t와 같은 것이다. 이는 아름다운 발음을 위해서다. 하지만 아름다움을 너무 첨가하지 않도록 조심해야 한다. '잘못된 연독(連讀, pataquès)'이란 단어의 기원으로서 소개되는 다음 사건이 그것을 증명해준다. 어느 저녁 모임에서, 한 신사가 누군가가 잃어버린 부채를 줍는다. 그는 가까이 있는 여성들 중 한 명에게 묻는다.

— 이것이 댁의 것인가요?
— 아니요, 전혀 *제 캇이* 아니네요.

그는 또 다른 여성에게 묻는다.
— 그럼 댁의 것인가요?
— 아뇨, *제 캇이* 아니에요.
— 이것은 전혀 댁의 *캇이* 아니고, 이것은 댁의 *캇이* 아니고,
정말로 저는 어느 분 *캇인지* 모르겠습니다.[83]

— *Est-il à vous?*

— *Non, monsieur, il n'est point-z-à-moi.*

— *C'est donc à vous, madame?*

— *Il n'est pas-t-à-moi.*

— Il n'est point-z-à vous, il n'est pas-t-à-vous,
ma fois je ne sais pas-t-à qu'est-ce.

- 1940년 10월 20일자 법령에 따라, T 카테고리의 배급표는 "근력 소비가 많이 필요한 작업에 종사하는 17-70세"의 사람들에게 주어졌다.
- 스칸디나비아에서는 T를 '토르(Thor)[84]의 글자'라고 말한다. 왜냐하면, T자는 토르의 매우 위력적인 망치인 '묠리느'의 형태를 하고 있기 때문이다.
- T는 의학에서 대단한 빛을 발하였다. T 붕대, 머리의 T(T of the Head), 코의 더블 T(Double T of the nose), 귀의 T(T of the ear) 등…
- "Tel un tank torrentueux triturant les Tueuons, le toboggan tintinnabulant du tonitruant Tartarin de Tarascon tourbillonne tumultueusement dans un triomphal tintamarre de trompettes et de trophées."

"튜튼족을 짓이기는 맹렬한 탱크처럼, 타라스콩의 우레와 같은 타르타랭의 땡그랑거리는 미끄럼틀이 트럼펫들과 트로피들의 승리에 찬 시끄러운 소리들 속에서 소란스럽게 소용돌이친다." (르네 데잘리캉)

- 상선(商船)의 언어에서 T자만 쓰여 있는 깃발은 '둘이서 하는 트롤망 어업'을 의미한다. 다정하군.

고모, 차(thé)를 마시니까 기침이 멈췄나요? 아니라고요? T(발음은 'thé'와 같음)를 다 끝냈는 걸요!

Tata, ton thé t'a-t-il ôté ta toux? Non? Tu l'as terminé, ton T!

81. 컬리어는 둥글다는 것을 표시하기 위해 'testicule'에 C를 추가했고, 작다는 것을 표시하기 위해 뒤에 LE를 덧붙였다.

82. 'salon de T'는 '찻집'이라는 뜻의 'salon de thé'와 발음이 같다. (역자 주)

83. 프랑스어 원문은 '미적인 이유'를 구실삼아 음조상의 t를 남발하며 연독하여 잘못된 발음을 하는 사교계 어투(이탤릭부분)를 보여준다. 음조상 t의 느낌을 우리말에서는 'ㄱ'을 'ㅋ'으로 바꾸는 형식으로 살렸다. (역자 주)

84. 고대 게르만의 신으로, 독일에서는 도나르(Donar)라고 한다. 농민의 수호신으로 묠니르(Mjöllnir)라고 불리는 몽둥이를 휘둘러 그들의 결혼이나 결혼을 정화해준다. 거인의 아들이라고도 한다. (역자 주)

도로 위의 알파벳*

ALPHABET ROUTIER

(A)	오스트리아	(N)	노르웨이
(B)	벨기에	(O)	해당사항 없음
(C)	쿠바	(P)	포르투갈
(D)	독일	(Q)	카타르
(E)	스페인	(RA)	아르헨티나
(F)	프랑스	(S)	스웨덴
(G)	가봉	(T)	태국
(H)	헝가리	(U)	우루과이
(I)	이탈리아	(V)	바티칸 시국
(J)	일본	(WAG)	감비아
(K)	캄푸치아 (캄보디아의 예전 명칭 1975-88)	(X)	해당사항 없음
(L)	룩셈부르크	(YU)	구 유고슬라비아
(M)	몰타	(Z)	잠비아

* 우리는 여기에서 O와 X의 부재와 어떤 글자들은 홀로 쓰이지 않았음에 유의한다.

[y]

U의 용법과 궤양을 일으키는 관습들

Usages et us ulcérants de U

I와 J의 공생과 결별은 I자를 다룬 장(章)에서 언급됐다. 이와 유사한 요란스런 관계가 U자와 V자 사이에서도 존재했다. 사실 라틴민족들만 문자에 V자를 갖고 있었다. 이런 영향 하에 예전에는 프랑스어에서 자음 V와 모음 V(자음에 이어서 오는 V)를 구분했었다. 그리고 이 모음 V가 결국 V와는 다르게 형성된 U자가 되고야 말았으며, 종국에는 사전에서 따로 한 항목을 차지하게 되었다.

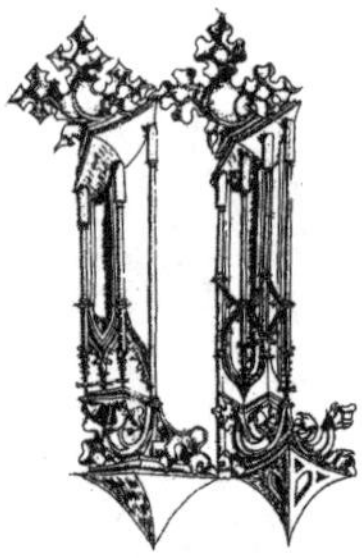

철학선생이 주르댕 씨에게 U자의 발음을 어떻게 설명했는지 떠올려보자. 그는 구체적으로 적용시키면서 그 강의를 결론짓는다.

"당신이 만약 누군가에게 입을 삐죽거리고 그를 비웃고 싶다면, 그저 'U'라고 할 수밖에 없을 겁니다."

피에르-앙투안 오귀스탱 드 피이스는 'U'라고 하면 불쾌한 감정을 전달할 수도 있다는 생각을 다시 취한다. 그렇지만 그는 H자를 덧붙이는 것이 본래 원하던 효과를 얻는 데 필수적이라고 생각했다.

> (...) U 소리를 계속 내면서 H를 덧붙이면
> 잔인한 경멸을 뜻하는 것으로서 합의된 신호이다.
>
> *(...) l'H ajouté à son ton continu (...)*
> *Est d'un mépris cruel un signal convenu.*

그저 'U'라고 발음하면, 게다가 'HU'라고 하기만 하면 지각없는 사람을 나무랄 수 있는데, 뭐하러 모욕적인 말, 욕설, 또는 다른 무례한 지적들을 찾으려고 피곤해지는 것이며, 왜 어퍼컷 날리는 법까지 배우려 하는 걸까?

소통하는 단지들
Urnes communicantes

에른스트 윙어(Ernst Jünger)는 모음에 관한 한 랭보보다 훨씬 더 전문가이다. 『모음의 찬가』[85]라는 그의 저서가 이를 증명해준다. 독일어와 프랑스어의 모음들의 소리가 같지 않다는 것을 대번에 인정해야 한다 해도, 그럼에도 불구하고 우리는 그 작업에 경의를 표하고 그것에서 배워야 한다.

윙어에 따르면, 모음 U는 심연, 어둠, 어머니를 연상시킨다. U는 대도시들에서의 소리 환경을 대표하는데, "흔히 위험을 연상시키는 음산한 것이다. (…) 업무로 소환하는 사이렌 소리는 악마들이 창안해낸 것일 수도 있을 것이다. 교통의 흐름으로부터 끊임없이 알 수 없는 신호, 으르렁거림, 휘파람, 쇳소리, 경고들이 무수히 터져나온다. 군중을 헤치며 가는 기동대 차가 날카로운 경적소리로 귀를 때릴 때 적나라하게 들리는 위협적인 질책의 소리들." 윙어가 일종의 증거로서 내놓는 것들과 더불어 '암울한 어투'의 이 초상을 마무리하자. 웃음은 A, E, I, O들로 표현

될 수 있는 반면, "U라고 발음하면서 웃으려는 사람은 정말 아무도 없다."

이 음산한 묘사 후에 웡어는 U가 그럼에도 불구하고 생명 쪽의 몇 가지 자질들을 갖고 있다고 알리는데, 그 자질들은 창조의 비밀들과 죽음의 비밀들이 교차하는 곳에 있다. 이 모음 U는 "어머니들의 생식능력에 대해 글로 쓰여지지 않은, 깊은 곳의 비밀들"을 지니고 있다. U는 또한 보루들인 가정과 보호처의 따뜻한 친밀함의 음소(音素)이기도 하다. U의 클라이맥스, 이를테면 U의 영적 세계의 경탄스러운 것들과 비밀들은 레오나르도 다빈치에 의해 포착되었다. 당신이 '모나리자'를 보게 될 때 그 점을 생각하라!

우르비 에트 오르비[86]

Urbi et orbi

모음들은 알파벳에서 별도로 한 종류를 형성한다. 쿠르 드 제블랭에 따르면, 예를 들어 자음들은 필요를 표현하는 반면, 모음들은 열정[87]을 표현한다. 19세기의 독일 문헌학자인 야콥 그림(Jacob Grimm)은 모음을 여성형 쪽에, 자음은 남성형 쪽에 두었다.

랭보는 모음과 색깔 간에 기념비적인 대응관계를 정립했다. A 검정, E 하양, I 빨강, U 초록, O 파랑. 이런 대응이 획기적이긴 하지만 모두의 합의를 얻은 게 아닌 것은 분명하다! 빅토르 위고에게는 O가 빨강이고, E는 파랑, U는 검정이었다. 에른스트 윙어는 A는 빨강에 해당하고, O는 노랑에 해당한다고 평가한다. 매사에 섬세하고 미묘한 차이를 두는 페르디낭 드 소쉬르(Ferdinand de Saussure)는, A는 노랑색을 띠는 희끄무레한 색, I는 수은색, U는 어두운 강청색(鋼靑色)이라고 생각했다.

현대의 모음 전문가들은 가스코뉴 지방에서 '신의 머리'라는 뜻의 간투사 'cadédiou'(제기랄)이 모음들을 한번에 순서대로 소개하는 유일한 프랑스 단어라고 확언한다.[88] 몇 세기 전에 다음과 같은 경구를 고안해낸 자에게는 순서가 중요했던 것 같다. 《Austraiae Est Imperare Orbi Universo》이며, 독일어로는 《Alles Erdreich Ist Österreich Unterthan.》(의역하면, '오스트리아가 세계를 지배해야 한다.')이다.

당신이 모음에 끌린다면 모음들이 순서대로 등장해야 하는 울리포 문학의 '다섯잇단음시' 형태를 시도해보라.[89]. 또한 주제페 페노네(Giuseppe Penone)의 『모음들의 나무』에 탄복할 수도 있을 것이다.

잠수함 '울트라'
Ultra sous-marin

U-65는 제1차 세계대전 때 독일의 잠수함(U-boot, *underseeboot*의 약어)으로, 그 역사는 대참사의 연속이었다. 이 잠수함은 출항하기도 전에, 조선소에서 강철로 된 들보가 떨어져서 그 배를 만들던 인부 두 명이 죽었다.

처음으로 출항하던 날에는 유독한 수증기를 마신 또 다른 인부 세 명이 죽었다. 첫 잠수를 하기 전에는 선원 한 명이 모든 것이 제자리에 있는지 확인하기 위해 다리 위로 올라갔다가 한 걸음 디디자마자 바다에 떨어졌다. 게다가 첫 잠수는 재앙을 가까스로 모면했다. 왜냐하면 12시간 동안 잠수함을 수면으로 올라오게 할 수 없었기 때문이다. 그러고 난 후, 어뢰 폭발로 제2부관 1명을 포함하여 승무원 5명이 죽었다. 선장과 그의 부하 몇몇이 배에서 죽은 부관의 유령을 보았다고 말했을 때, 사람들은 이 배가 저주받지 않았나 하는 이야기를 하기 시작했다. 선장도 브루게(Brugge) 항에서 받은 공습으로 전사한다. 독일 정부를 위해 조사가 급히 진행되었고, 영령들을 진정시키기 위해 U-65에서 퇴마식이 집행되었다. 그러나 헛수고였다.

결국 1918년 7월 10일, U-65는 아일랜드의 먼바다에서 미국 잠수함에 의해 위치가 확인된다. 그런데 미국 잠수함이 폭격을 가하기도 전에, U-65는 스스로 폭발하였다.

도심 한 복판에서 정복당한 U
U vaincu en milieu urbain

자동차 번호판의 글자들이 민망한 단어를 형성하는 것을 본 적 있는가? 아마도 없을 것이다. 주된 이유는 담당기관의 직원이 이런 문제들이 발생하지 않도록 신경을 써서 KK(caca, 똥), QQ(cul cul, 엉덩이 엉덩이), VC(WC, 화장실)나 그 밖의 당혹스러운 문자조합을 피하기 때문이다[90]. 게다가, I와 O는 자동차 번호판에서 늘 제외되는데, 이것은 숫자 1 및 0과 혼동될 소지가 있기 때문이다. 이제 상당수의 번호판에서 알파벳 글자 세 개가 쓰이므로(번호판은 글자와 숫자를 합쳐서 총 8자를 넘기지 않는다), 번호판의 글자들이 단어를 형성케 될 가능성이 더 커졌다.

1976년, 당시 내무부 장관이었던 미셸 포니아토프스키(Michel Poniatowski)는 글자들 앞 뒤로 같은 숫자를 쓰는 번호판을 금지했다. 그는 또한 글자들 앞에 1에서 10 사이의 숫자를 부여하는 것도 금지했다. 이 조치들을 알리는 공문에는 "법과 규정에 있어서 시민의 평등권을 침해하는 관행들에 종지부를 찍어야 한다."고 명기되어 있다. 그럼에도 불구하고 특별지대들이 존재한다. 1992년 알베르빌 올림픽(Jeux olympiques) 당시에는 일련번호 'JO 73'가 허락되었었고, 1 PR 75에서 500 PR 75까지는 프랑스 대통령 관저 차량 전용이다.

그런데 U자는 어디 있는 걸까? 당연히 그런 의문이 든다! 1980년 중반 이후로(그리고 도청의 전산화와 병행하여) U자는 프랑스의 자동차 번호판에 이용 가능한 글자들에서 서서히 제외된다.[91]. 그러므로 '269 CUL 38'[92]이라는 번호판을 보게 될 확률은 거의 없다. 그것은 도청 직원의 세심함 때문이 아니라, 훨씬 평범한 이유 때문이다. V와 U 사이의 본래 관계에서 비롯된다. 손으로 쓰인 U가 V와 비슷해 보이는 일은 너무 자주 있다. 그 결과 혼동이 빚어진다.

U의 세계
L'Univers d'U

● 바르텔르미에 의하면 "U는 우묵한 물건 속에서 자신의 수호성인을 찾아냈다. U는 구멍(trou), 큰 통(cuve), 솥(chaudron) 안에서 만족한다". 카지미르 앙리시(Casimir Henricy)는 U가 더 이상 예전의 그가 U가 아니라는 것을 넌지시 알려준다. 그에 따르면, "모음 U는 예전에는 움푹 패인 것(creux), 빈 것(vide), 깊은 곳(profondeur)를 나타냈었다". 그렇다면 지금은?

● 1762년이 되어서야 프랑스 학술원 회원들은 사전에서 U와 V가 각각 따로 장을 갖도록 허락한다.

● 1854년에 에드몽 아부(Edmond About)는 "교양 있는 그리스인들은 프랑스어를 꽤 잘 알지만 발음을 잘 못한다. 그들에게는 u를 발음하는 것이 매우 괴로운 일이다"라고 단언했다.

● 포드사의 '모델 T'와 경쟁한 첫 자동차는 1928년 플리머스(Plymouth)사에서 만든 '모델 U'이다.

● 왜 U2(아일랜드 록그룹)는 U2라고 이름을 지었을까? 그 이유 중의 하나는 'U2'가 아일랜드 실업보험 서류양식의 이름이기 때문이다.

U의 마지막 순간들을 위해 르네 데잘리캉의 아름다운 시 한 편을 감상해보자.[93]

얼스터 외투를 입은 경솔한 사람인 도시인이

보편적인 사용을 침해당한
기구들을 아주 한결같이 사용한다.
그것들을 단엽 울트라 비행기로 통합시키기 위해.

Urbain, l'hurluberlu en Ulster,
Utilise, tout uniment, des ustensiles
Usurpés d'usage universel
Pour les unifier en un ultravion uniplan..

단엽 울트라 비행기가 없으니 당신은 개인 차량으로 V까지 가야 할 것이다.

---

85. 1934년에 출간되고, 2001년에 프랑스어로 번역되었다.

86. '*urbi et orbi*'는 '로마와 세계에, 만인에게' 즉 '세계만방에'라는 뜻으로 교황이 바티칸의 성베드로 성당의 발코니에서 하는 축복의 말이다. 비유적으로 '사방에', '도처에'라는 뜻으로도 쓰인다. (역자 주)

87. 가스통 바슐라르(Gaston Bachelard)는 이름은 밝히지 않고 한 시인을 언급한다. "단어는 그 요소가 글자들인 신체이다. 성(性)은 여전히 모음이다." 이는 에드몽 자베스(Edmond Jabès)이려나?

88. 영어는 이 분야에서 더 관대한 것 같다. 이런 종류의 단어가 20여 개쯤 된다.

89. 조르주 페렉이 쓴 다섯잇단음시(quintolet)의 첫 행은 "A demi-mot un art chétif nous parle... (빈약한 기교가 완곡어법으로 우리에게 이야기한다…)"이다.

90. 예를 들면 SS.

91. 벨기에에서는 U를 번호판에 사용하는데, 이것은 트레일러를 위한 것이다.

92. 프랑스어로 cul는 엉덩이, 멍청이 등을 뜻한다. (역자 주)

93. 이 시는 모두 U자로 시작하는 단어로 구성되어 있다. (역자 주)

신체의 알파벳*

ALPHABET CORPOREL

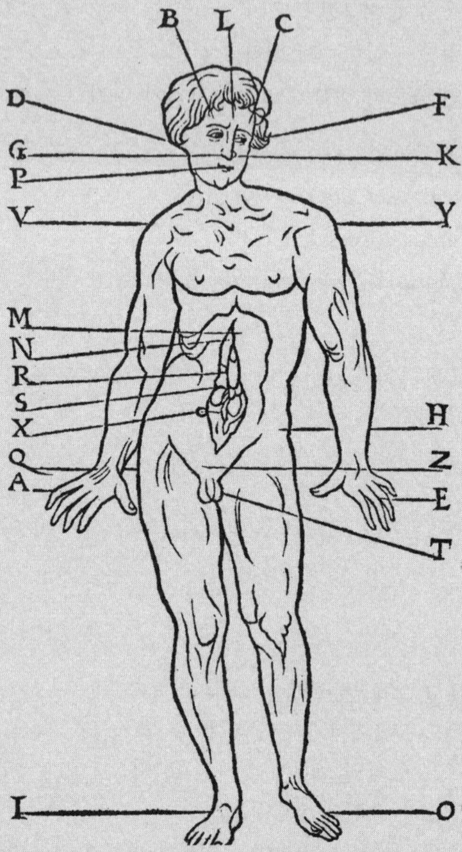

A	오른손	**N**	간
B	오른쪽 눈	**O**	왼발
C	왼쪽 눈	**P**	입
D	오른쪽 귀	**Q**	배에 있는 것들을 빼내는 곳**
E	왼손	**R**	심장
F	왼쪽 귀	**S**	비장
G	오른쪽 콧구멍	**T**	소변을 보기 위한 음경
H	엉덩이	**V**	오른쪽 어깨
I	오른쪽 발	**X**	배꼽
K	왼쪽 콧구멍	**Y**	왼쪽 어깨
L	뇌	**Z**	성기
M	허파		

* 조프루아 토리는 『샹플뢰리 *Champfleury*』(1529)에서 각각의 알파벳이 인체의 한 부분에 해당되는 것으로 여겼다. J, U, W의 부재는 미리 예상할 수 있는 일이다. 토리는 판화 옆에 설명을 붙였다.

** 항문을 의미하는 것으로 보인다. (역자 주)

[ve]

V의 삶
Vie du V

루이-니콜라 베슈렐은 V의 부드러운 아름다움에 민감했다.

"너무나 부드럽고 조화에 너무나 유리한 이 자음은 상당수의 알파벳들에서 빠져 있다. V의 터치가 너무 가볍고 음가(音價)가 너무 순간적이어서 다른 모음과 쉽게 혼동되기 때문이다. 이 글자를 묘사하는 데 있어서 그 글자가 갖고 있는 선의 숨결 모양 그 자체보다 더 적절한 것은 없다. 그러니 우화가 바람을 의인화하기 위해 상상해낸 정령들, 우리의 화가들이 때때로 자신들의 그림에 도입하는 그 정령들을 마음속에 그려보라. 그들의 입에서 나오는 숨결의 모양을 나타내보라. 그것을 구성하는 모든 선들 중에서 마지막 두 개, 즉 갈라져서 가장 멀어져가는 두 선만 취해보라. 그러면 완벽한 V를 얻게 될 것이다."

V자는 커플 생활을 여러 차례 했다. (음... 적어도 두세 번!) 우선, 라틴어의 U/V 커플로, 이 두 글자의 서체는 늘 V자 형태를 띠었다. 이 글자를 소리내어 읽을 때, 모음 앞에 오면 '자음 V'라고 했고(예: voyage, 여행), 자음 앞에 오면 '모음 V'라고(예: union, 결합)[94] 했다. 결과적으로, 옛 사전들에는 U와 V로 시작되는 단어들이 우리에게 낯선 순서로 배열되어 있다. 즉, vacance(휴가), ubiquité(유비쿼터스), veau(송아지), ulcère(궤양), union, voir(보다), urbanité (도회풍),

vulgaire(천박한) 등의 순서로 기재되어 있는 것이다. 두 글자의 분리는 두 단계로 진행되었다. 17세기에 모음 V 대신 U를 쓰기 시작했고, 19세기에 이르러서야 사전에서 U로 시작하는 단어와 V로 시작하는 단어가 체계적으로 별도로 다루어진다.

V의 다른 파트너는 라틴어의 B였다. 라틴어 글들에서 B자 자리에 V가 있는 것을 때때로 보게 된다. (예를 들면, Danubius(다누비우스) 대신 Danuvius가, belli(호전적인) 대신 velli로 쓰였다). 라틴어의 B는 프랑스어에서 빈번히 V로 바뀌었다. caballus은 는 cheval(말)로, februarius은 는 février(2월)로, gubernare은 gouverner(통치하다)로, liber은 livre(책)로, taberna은 taverne(선술집)로 바뀌었다. 스페인어에서는 V가 종종 B[95]와 같은 방법으로 발음된다. B와 V를 구분할 수 없는 것을 '베타시슴(bêtacisme)'이라고 한다. V는 P와 혼인하기도 했다. 그러나 이건 정말로 옛날 이야기이다!

V의 가치
Valeur de V

왜 V가 로마숫자의 5에 해당되는가를 설명하는 데에는 많은 이론들이 있다.

- 이 글자는 오래된 관습을 나타낸다. 예전에는 숫자를 세기 위해 나뭇조각에 칼로 홈을 팠었다. 다섯 번째 홈마다 선을 하나 더 긋는 것은 셈을 쉽게 만들었고, 이렇게 해서 V자 형태가 만들어졌다.

- 이 글자는 '5'의 개념을 전하기 위해 손가락을 쫙 펴고 손을 내밀 때 엄지와 검지가 만드는 모양을 표현한 것이다.
- V는 알파벳의 다섯 번째 모음이었다. 따라서 숫자 5를 지칭했다.
- X는 10과 같으므로, 5를 얻기 위해서는 X를 둘로 나누기만 하면 된다. 1X=2V이다.

승리의 벡터
Vecteur victorieux

윈스턴 처칠은 그 유명한 '승리를 위한 V(V for Victory)'를 어떻게 생각해 냈을까?

모든 것이 런던에 망명 중이던 벨기에 정부 관료 빅토르 드 라발레라는 사람과 더불어 시작되었다. (빅토르라는 이름부터 벌써 전조(前兆)를 담고 있다.) 그는 유럽의 여러 언어에서 '승리'라는 단어가 V로 시작된다는 사실에 착안하여, 벨기에에서 낙서처럼 분필로 쓰이기 시작했던 RAF(Royal Air Force)를 V자로 대체하자는 제안을 1941년 1월 벨기에 라디오 방송 때 내놓았다.

이 V에 처음으로 새로운 차원이 더해진 것은, BBC가 유럽으로 보내는 방송 프로그램마다 V자를 위한 모르스 부호로(- - - —) 시작을 하고, 이어서 모르스 부호로 된 V로 베토벤의 제5교향곡의 첫 박자들을 보내기로 결정한 때였다.

V 1941년 7월, BBC의 유럽 담당 부장이던 더글러스 리치(Douglas Ritchie)는 전시용 가명인 '브리튼 대령'이라는 이름으로 방송을 했다. 다음은 방송에서 발췌한 내용이다.

"저는 승리의 표시인 V에 대하여 이야기하고 싶습니다. 유럽 전역에서 독일인들과 반역자들은 자신들이 오래 버티지 못하리라는 것을 그 V자 표시에서 보게 됩니다. (…) 포장도로에 분필로 쓰인 V, 포스터들에 연필로 쓰인 V, 독일 자동차들의 흙받이 그림 속에 긁어놓은 V 등을 그들은 봅니다. 꽃들은 V자 모양으로 자라고, 사람들은 손가락을 벌려 V자를 만들며 군대식 경례를 합니다. 5는 V이고, 밭에서 일하던 사람들은 5시 종을 칠 때면 마을의 시계 쪽으로 몸을 돌립니다."

같은 방송에서, 리치는 청취자들에게 누구네 집 문 앞에 서게 되면 V의 작은 음악(- - - —)을 두드리라고 제안했다. 그들은 자기 친구들에게 그 음악을 알려주어서 독일인이 카페에 들어오면 탁자에 이 음악을 두드려야 했다.

그러므로 상황은 처칠에게 유리하도록 잘 준비돼 있었던 것이다. 처칠은 그 '승리를 위한 V'를 재빨리 자신의 서명으로 만들어버렸다. 처칠이 초기에는 손바닥을 자기 쪽으로 향하게 하면서 V를 해보였다고 한다. 그런 동작이 외설적이라는 것을 몰랐던 것이다. ('상류층 교육'을 받아서 어쩔 수 없었다.) 그러다가 손바닥을 바깥쪽으로 돌렸다. 명예는 손상되지 않았고, 간단하면서도 강력한 선전도구가 탄생되었다.

영국 학자 앨프리드 컬리어는 '처칠의 V'의 깊은 의미에 대해 두 편의 소책자를 썼다. 컬리어에 따르면 이 제스처의 사용은 극히 합리적인 철학에 의해 수 세기 전부터 억압되어 온 '인간'의 형이상학적 욕망의 실현을 상징한다. 두 번째 책자(1944)에서는 처칠의 소문자 'v'를 두 팔을 공중에 들어올리는 움직임에 의한 대문자 'V'로 바꿀 것을 권했다. 그러나 그의 나라에서는 아무도 선구자가 되어주지 않았다. 그의 바람을 들어준 사람은 샤를 드골이다. 14년 후 다른 하늘 아래서, 개인적 해석을 부여하면서…

뒤죽박죽으로 보는 V
V en vrac

- 모든 자음들 중에서 V자는 프랑스 단어의 맨끝에 결코 오지 않는 유일한 자음이다.
- 혀의 V는 혀의 뒤쪽 예각으로 만나는 두 줄의 돌기들에 의해 형성된다.
- 배의 돛에 V자가 새겨져 있으면 당신은 그 배가 '보리앵' 시리즈'에 속한다는 것을 안다. '보리앵(vaurien, 말썽꾸러기)'이라고? 불쾌하다! 하지만 모두에게 그런 건 아니다. '보리앵'이란 작은 단일형 요트를 가리키는 말이니까.
- V는 타카유키 이시카와(Takayuki Ishikawa)가 부른 노래 제목이고, 뉴질랜드의 어느 음료 이름이며, 어느 핀란드 잡지의 이름이기도 하다.
- 'V-effekt (Verfremdungseffekt, 낯설게 하기 효과 혹은 생소화 효과)'는 베르톨트 브레히트(Bertolt Brecht)에 의해 만들어진 용어로서, 배우들과 관객에게서 극의 요소와 자신들을 동일시하는 경향을 제한하는 기법을 지칭한다.
- 몇몇 도립 동물병원 실험실의 수당 결정은 각 의료행위에 고유한 계수

를 통해 V라는 키워드의 값을 곱하면서 정해진다.

- 2006년에 개봉된 영화 〈벤데타를 위한 V(*V for Vendetta*)〉는 V자에 대한 찬가이다. 주인공의 이름은 V이다. 그는 핀천(Thomas Pynchon)의 소설 『*V*』를 읽는다. 그의 좌우명은 'Vi veri veniversum vivus vici'[96]이다. 더욱 놀라운 것은, 주인공은 온통 V를 사용하여 말할 줄 안다. "vous devez y voir les vieux restes d'une vexation vieillissante, aussi vive que vivante, et vouée à vaincre cette vermine vulgaire, vivace, virulente, qui vivote en privant ces valeureuses victimes vaincues de la vérité et des vraies valeurs··· (당신은 거기서 늙어가는 굴욕의 낡은 잔재들을 봐야 한다. 그것은 생생하고도 강렬한 굴욕이다. 그리고 용감한 희생자들에게서 진실과 진정한 가치를 박탈하며 근근이 살아가는 저속하고 강인하고 악의에 찬 벌레 같은 자를 무찌르는 데 헌신하는 모욕이다.)" 매혹적이다!

하이든의 교향곡 제88번은 때때로 〈V자〉 교향곡이라고 불린다. 바그너(Wagner)에 대해서는, 좀 있다가 보겠다.

---

94. 우리는 이와 비슷한 구별을 I와 J에서 보았다.

95. 게다가, '스페인 암소처럼 말한다(parler comme un vache espagnole)'는 표현의 수많은 기원 중의 하나는 이와 관련 있다. 암소(vache)라는 단어는 vacce 혹은 vasce, 즉 'Basque (바스크)'가 변화한 것일 수도 있다. 프랑스로 넘어간 스페인의 바스크 지방 주민들이 프랑스어로 의사 표시하는 것을 힘들어한다고 사람들은 여겼다.

96. "진실의 힘으로, 나는 내 살아 생전에 우주를 정복했다." 원래 말로우(Marlowe)의 『파우스트*Faust*』에 나오는 구절이다.

각 알파벳으로 시작되는 단어들의 수*

DÉCOMPTE ALPHABÉTIQUE

A	8 643	**N**	2 028
B	5 136	**O**	2 230
C	10 028	**P**	9 909
D	6 158	**Q**	488
E	6 275	**R**	5 715
F	3 749	**S**	7 904
G	3 766	**T**	5 421
H	3 078	**U**	595
I	4 600	**V**	2 371
J	917	**W**	159
K	481	**X**	108
L	2 862	**Y**	103
M	6 029	**Z**	499

* 『로베르 프랑스어 대사전*Grand Robert de la langue française*』에서 단어 수를 세어준 앙젤리니와 레만에게 감사를 전한다. (『명목상의 단어들*Mots en forme*』, 2001)

[dubləve]

Warning, 어려운 글자!

Warning: lettre difficile!

W자가 프랑스에 존재한 지는 1천 년도 더 되었지만(경건왕 루이의 금화에 W가 새겨져 있다.), 이 글자가 두 개의 V를 나란히 놓은 것이 더 이상 아니라 하나의 단일한 개체로 형성되기 시작한 것은 12세기나 되어서였다. 디드로와 달랑베르는 프랑스어에서 사용하게 된 외래어들의 표기법에 프랑스어 표기법을 맞출 필요성은 인정하면서도, 이 글자가 본래 프랑스어는 아니었다는 점을 주목케 한다.

W의 발음에 관한 전통적 원칙은 그 단어를 본래 사용하는 나라의 발음을 따르는 것이었다. 예를 들어, 작곡가 Weber의 이름은 '베베르(Veber)'로, 독일 마을 Wagram의 이름은 '바그람(Vagram)'으로, 영국 장군 Wellington의 이름은 '웰링턴(Ouellington)'으로 발음한다. 프랑스인들이 19세기에는 wagon을 '와곤(ouagon)'으로 제대로 발음했는데, 결국에는 그들이 깨닫지 못하는 새에 그것을 독일인들의 발명품이라고 생각하는 쪽을 선호하고야 말았다고 생각된다.[97]

루이-니콜라 베슈렐은 문헌학자들에게 프랑스어에서 W가 사라지게 만들기 위한 작업을 하라고 독려했다.

'천천히, 그러나 확실하게 가는(chi va piano va sano)'[98] 프랑스 학술원은 프랑스어사전 제8쇄(1878)에서야 W를 프랑스어의 26번째 알파벳으로 받아들였다. 반면,

다른 사전학자들은 W를 넣기 위해 프랑스 학술원의 청신호를 기다리지는 않았다. 백과사전을 편찬하면서 어떻게 W로 시작하는 지명을 모르는 체할 수 있겠는가? 1889년 피에르 라루스의 『딕쇼네르 콩플레(*Dictionnaire complet,* 완전한 사전)』는 W 항목에 wagon(객차), Wahalla(스칸디나비아 신화에 나오는 천국), walkyrie(발키리), wallon(왈롱 사람, 왈롱어), warrant(담보물건), water-closet(수세식 변소), welche(독일인 입장에서 본 외국인), whig(휘그당원), whiskey/whisky(위스키), whist(휘스트 카드놀이), wigwam(북미 인디언의 천막), wiski(이륜마차) 등 12개 단어를 포함하였다. 그리고 『프티 라루스(*Petit Larousse*, 작은 라루스 사전)』 2007년판에는 W 항목에 98개의 단어가 실려 있다.

위포그램[99]
Wipogrammes

시각장애인을 위한 알파벳을 개발한 사람이 프랑스인이므로, 본래 점자에 W가 없었다는 것에 대해 사람들은 놀라지 않으리라. 25개의 알파벳이 세 그룹(10-10-5)으로 나뉘었었다. 기본 글자들로 여겨지는 첫 열 자를 나타내는 점들에다 다음 열 자를 얻기 위해 하단에 점 하나를 추가하였고, 이 하단에 두 번째 점을 찍어서 나머지 다섯 자를 마련했다. 그 다음에는 강세 부호(accent)가 들어가는 글자들이 온다. 여전히 앞선 일련의 글자들과 관련하여 점을 첨가하는 논리에 따라 형성되었다. ç, é, à, è, ù, â, ê, î, ô, û, ë, ï, ü, œ 다음에 마지막으로 W가 온다!

W

터키의 알파벳에는 W가 없고, 쿠르드어에는 있다. 터키 헌법에 의하면, 터키공화국의 언어는 터키어이며, 의회 내, 행정, 공공행위 등에서 터키어만 허용된다. 그런데 터키에 대규모의 쿠르드 공동체가 있음을 우리는 알고 있다. 쿠르드의 새해 축하 행사(newroz, 네우로즈)는 춘분에 열리는데, '네우로즈'라는 단어는 터키어가 아니므로(이 단어에 해당하는 터키어는 'nevruz'이다.) 이 행사는 금지된 것이라는 구실 하에 분쟁이 흔히 발생된다. 연례적인 신경전의 원인이 되고 있는 이 일 때문에 〈휘리예트(*Hürriyet*)〉라는 터키 일간지에 'W자를 무너뜨리자!'라는 제목의 기사가 실렸다. 이 기사의 발췌문은 다음과 같다. "이번 작전은 모든 공공 화장실들에서 WC라는 글자를 지우고, 그것을 VC로 대체하는 것입니다. (...) 만약 당신이 BMW 한 대를 사게 되었다면, 그 차를 처분하도록 애쓰십시오. (...) 친애하는 학부모, 할머니 할아버지, 또는 아이를 맡고 있는 다른 그 어떤 사림이든 조심하십시오. 그 어느 것도 되는 대로 놔두지 마십시오. 청소년들이 워크맨(walkman)을 갖고 거리로 나가게 놔두지 마십시오. (...) 이 국가의 적들이 자신들의 워크맨을 갖고 조용히 우리들 사이로 산책하면서 자신들의 W를 광고하는 분리주의적 선전을 하고 있습니다. (…)"[100].

W와 우리가 들을 수 있는 것

W et ce que l'on peut en ouïr

프랑스어에는 W가 희귀한 것이 사실이다. 그렇다면 W가 단어의 맨 처음에 오는 경우보다 다른 자리에 놓이는 경우가 더 많을까? 내기해 볼까? W가 두 번째 자리에 놓이는 단어들에는 어떤 것이 있을까? 아발레(awalé, 게임의 일종), 이완(iwan, 이란건축에서 많이 보이는 양식의 하나), 크바스(kwas, 러시아 호밀맥주), 농담(zwanze)이다. 세 번째에 오는 단어들은 긴 의자(diwan), 커피(kawa 혹은 caoua), 키위(kiwi), 뉴스(news), 욜(yawl, 욜형 범선) 등이 있다. 이제 숫자는 감소하기 시작한다. 네 번째에 오는 단어들은 어릿광대(clown)와 크롤영법(crawl)이다. 다섯 번째 오는 단어를 들자면, 당신은 르도바(rédowa, 보헤미아 춤곡)를 출 줄 아는가? 여섯 번째에 오는 경우는 무법자(outlaw)이다. 그러면 일곱 번째는?

미셸 레리스는 자신의 저서 『알파벳*Alphabet*』에서 W자에게 몇 줄 할애하였다. 이 작품은 알파벳들이 "계시의 신비스런 힘"으로 보이던 어린 시절부터 글자들에 대해 느끼던 것을 회상하는 에세이이다. W와 Y의 촉감에 관한 레리스의 해설은 다음과 같다. "반모음 w는, 요리의 관점에서 생각해보면, 꿀, 버터, 앙트르메(디저트 직전에 먹는 간단한 단 음식)처럼 촉감이 부드러운 것과 호응될 것이다. 반면, 다른 반모음인 y는 딱딱한 물질들과 일부러 멀어지면서, 눈을 흐리게 하는 눈물과 큰물로 길을 씻어주는 홍수 같은 비 같은 수원(水源)의 축축한 청량함 쪽으로 향할 것이다."

윌크스(Wilks)의 W. 영국인 마이크 윌크스(Mike Wilks)는 『알파벳의 기본 *The Ultimate Alphabet*』이라는 제목으로 작품을 제작하려는 생각을 했다. 이것은 일련의 26점의 그림(76x102cm와 76x51cm의 두 가지 크기)들로서, 각 그림은 A로 시작되는 물건들(360가지), B로 시작되는 물건들(538가지)... W로 시작되는 것들을 잔뜩(263가지!) 보여준다. 윌크스가 이 그림들을 그리는 데 4년이 걸렸고, 이 작품은 1980년대에 책 형태로 출간되었다.

현상수배
Wanted

- 피에르 앙고(Pierre Angot)는 1972년에 〈W는 프랑스어 글자인가?〉라는 제목의 글을 발표했다.(그는 "그렇다"고 대답했다)
- 『프랑스어의 보물 *Trésor de la langue française*』에 따르면, "W자는 졸도에 이르게 한다". 아니다, 아니다, 죽지 않는다. 단지 발음할 때, 예를 들면 '*huit wallons*(여덟 명의 왈롱 사람)'[101]을 발음할 때 짧게 숨을 멈출 뿐이다.
- 이탈리아에서 W는 "만세!"를 가리킨다. (*evviva!*)
- 가독성에 대한 연구에 따르면, W는 문장의 행에서 알아보기 가장 쉬운 글자이다.
- 스웨덴 학술원은 2006년에 사전에 W에 자리를 제공했다.
- W는 날개에 W자 모양의 얼룩들이 있는 자벌레나방류 나비의 이름이다.
- 미국에서 W는 패션 잡지의 이름이며(이 잡지는 스타일의 경전이다), 또한

호텔 체인의 이름이기도 하다. 1973년에는 〈더블유 *W*〉라는 제목의 영화도 나왔다.

- 아프리카에서 나이지리아, 베냉, 부르키나 파소, 이렇게 세 국가의 접경 지역에 위치한 자연공원의 이름은 W이다.
- W는 폴리펩티드 사슬의 문자화에서 트립토판을 지칭한다.

W, WW, 그리고 WWW
W, WW, et WWW

여러분은 자동차 번호판에서 'W'를 본 기억이 있는가? 본 적이 있다고? 아, 그렇다면 당신은 자동차정비소에서 일하는 사람일 것이다. W는 아직 판매되지 않은 차량에 쓰이는 번호판이다. 자동차정비사는 'W' 번호판을 여러 개 요청하여, 그가 운행시키는 팔리지 않은 차량에 차례차례 사용될 것이다.

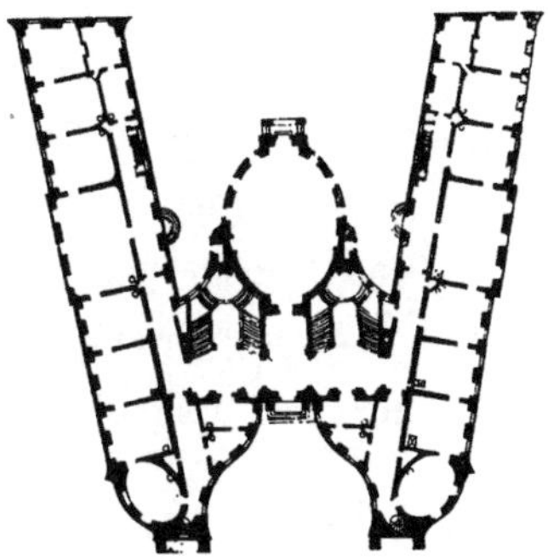

WW는 좀 더 잘 알려져 있다. 이것은 또 다른 유형의 임시 번호판으로, 판매된 차량들에 부여된다. 자동차 번호판 전문가들(정말로 있다! 그뿐만 아니라 많기까지 하다. 자동차번호판 사진들을 수집하고, 새들의 생활을 관찰하는 사람들처럼 자동차 번호판들을 관찰한다.)이 당신에게 도(道)마다 달라지는 'WW'로 된 번호판 대책들에 관한 상세정보를 제공할 것이다.

WWW에 대해 말해보자면, 어쨌든 재미있다. 짧은 세 단어들(world wide web)을 축약한 것이라고 여겨지기는 하지만 사실 막상 읽어 보면 본래 단어보다 음절이 더 많다! 그렇지만 더 줄여놓은 것들이 몇 가지 있다. '외-외-외(weu-weu-weu)', '위-위-위(oui-oui-oui)' 등이 있으며, 뉴질랜드에서는 '덥-덥-덥(deub-deub-deub)'이라고 말하기도 한다.

---

97. 오늘날에는 [vagɔ̃]으로 발음되니까. (역자 주)

98. "차분히 가는 사람이 탄탄히 멀리 간다."는 의미의 이탈리아 속담. 여기서는 '프랑스 학술원은 매우 신중하게 오래 생각하여 확실하게 결론을 내린다'는 의미로 쓰였다. (역자 주)

99. 위포그램(wipogramme)은 특정 글자, 낱말을 제외하고 글을 쓰는 리포그램(Lipogramme)에서 변형한 용어로, 'W를 제외하고 이야기하기'를 말한다고 볼 수 있다. (역자 주)

100. 그럼에도 불구하고, 최근의 정책들은 터키에서 소수 언어에 대하여 약간 열려 있다는 것을 새겨두자.

101. 'huit Wallons'의 발음은 [ɥit walɔ̃]이다. (역자 주)

태풍과 대서양의 알파벳*

ALPHABET CYCOLONIQUE ET ATLANTIQUE

1957	
Audrey	Netty
Bertha	Odelle
Carrie	Parry
Debbie	Quinta
Esther	Roxie
Frieda **	Sandra
Gracie	Theo
Hannah	Undine
Inga	Venus
Jessie	Wenda
Kathie	Xmay
Lisa	Yasmin
Margo	Zita

2007	
Andrea	Noel
Barry	Olga
Chantal	Pablo
Dean	Rebekah
Erin	Sebastien
Felix	Tanya
Gabrielle	Van
Humberto	Wendy
Ingrid	
Jerry	
Karen	
Lorenzo	
Melissa	

* 1953년부터 대서양의 태풍들에 이름이 붙여졌다. 그 때까지는 번호가 매겨졌었다. 처음에는 여성의 이름들만 붙였고, 여전히 26개의 알파벳 시리즈로 매겨지다가, 1960년에 Q, U, X, Y, Z가 제외되었다. 1979년에는 남성 이름과 여성 이름을 번갈아 붙이기로 결정되었다. 현재 여섯 개의 목록이 가동되고 있다. 그래서 2013년의 대서양 태풍들은 2007년의 태풍들처럼 명명될 것이다. 만약 어떤 태풍이 특별히 큰 피해를 초래하면 생존자들의 마음을 고려하여 그 태풍의 이름이 목록에서 제외될 수도 있다. (1957년의 '오드리(Audrey)'가 바로 그런 경우다.) 마지막으로, 만약 태풍의 수가 21개를 넘어가면 '알파', '베타' 등의 그리스 글자들을 덧붙인다.

** 1957년은 유난히 온화한 해였다. 그래서 앞쪽 여섯 개의 이름들만 부여되었다.

[iks]

지나치게 미움 받는 글자에 대한 해설

Exégèse d'un lettre excessivement exécrée

X자는 사랑 받지 못하고 있다. X에서는 아브라라쿠르식스(Abraracourcix)[102] 같은 것만 만나게 된다. X는 괴로운 기억들만 떠올리게 한다. 18세기에 피에르-앙투안 오귀스탱 드 피이스는 "X는 주먹다짐만 부추긴다"고 단언했다. 19세기에 바르텔르미는 다음과 같이 말했다.

> 표현이 풍부한 그림이던 예전의 X는
> 고문 도구인 목마를 보여주었고,
> 산 채로 차형(車刑)에 처하기 위한 성 안드레아의 십자가를
> 전전긍긍하는 죄수에게 끊임없이 떠올리게 하였다.
>
> *L'X d'autrefois, expressive peinture,*
> *Montrait le chevalet, instrument de torture,*
> *Et rappelait sans cesse au coupable attentif*
> *La croix de Saint-André pour le rouer tout vif.*

20세기에 미셸 레리스는, 형태나 이름 또는 몇 가지 용도를 통해 어떤 단순하면서도 비극적인 행위의 소도구였던 듯 보이는 글자들을 언급한다. "정말로 X는 비밀을 결코 간파하지 못할 어떤 것에 긋는 십자 표시이며, 그 이름 없는 것을 묶어서 산 채로 차형에 처하거나 제대로 능지처참하게 만든 형틀이기도 하다."

편안치 못한 왕의 호사(와 호색?)
Luxe (et luxure?) d'un rex pas relax

사전학자 퓌르티에르(Furetière)는 클로테르(Clotaire) 1세의 아들인 실페릭(Chilpéric) 왕이(6세기에 대해 얘기하고 있는 것이다.) 어떻게 알파벳에 X를 추가하도록 명령했는지에 관한 이야기를 들려주면서 '학자들 사이의 대논쟁'을 상기시킨다.

사전학과 관련된 이 수훈 외에 실페릭의 인생에서 주목할 만한 일들이 무엇이 있을까? 두서없이 얘기하자면 다음과 같다. 그는 자기 동생 시지스베르의 재산을 갈취하려 하고 랭스(Reims)를 빼앗으며, 자기 애인인 프레데공드를 기쁘게 해주려고 자신의 아내를 목 조르게 한다. 프레데공드는 실페릭에게 그의 아들들을 '제거해주고', 시지스베르를 암살케 한다. 시지스베르의 미망인은 복수를 위해 실페릭의 아들들 중 한 명(제거되긴 했지만 살아 있기는 했던 것 같다.)을 유혹하였고, 그 두 연인은 왕에 의해 투옥된다. 프레데공드는 실페릭을 암살하고야 만다고 전해지고 있다. 오늘날 'X' 등급 영화에 적용되는 명칭이 탄생되는 것을 보는 듯하지 않은가?

13세기가 지난 후, 사람들은 실페릭이 X자를 추가한 것에 대해 아직도 원망하고 있다. "X자가 언젠가 아주 나쁜 용법에 의해 다섯 가지의 발음(fluxion, exercise, soixante, dixième, doux)[103]을 허용함으로써 프랑스어 읽기에서 쓸데없이 큰 어려움들 중 하나가 되리라는 것을 그 때는 거의 짐작하지 못했던 것이다. 게다가 그것만으로도 충분치 않은 듯, 몇몇 문법학자들은 고유명사인 Ximens가 Chimène(쉬멘느)로 발음되기를 바라고

있다. 프랑스어의 아름다움에 공헌하는 것이 그런 용법들인가?" (루이-니콜라 베슈렐)

X의 싸움
Les rixes de X

루키아노스의 『글자들의 대화』에서 S는 불필요한 동료(X)의 역할을 자기가 완벽히 해낼 수 있다고 단언하면서 X를 물리쳐버리려 한다. 이어지는 대화는 다음과 같다.

"— X: S는 나를 '필요 없는 글자'라고 말하면서 자신의 무지를 잘 드러내고 있군요. 나는 'excellent(훌륭한)'에서는 C 구실을 하고, 'exécuter(실행하다)'에서는 CC, 'exemption(면제)'에서는 G와 Z, 'Xaintoge(생통쥬)'에서는 S, 'soixante(60)'에서는 SS, 'fluxion(충혈)'에서는 C와 T, 'deuxième(12번째)'에서는 Z 구실을 하지요. 내가 나 자신으로서 의미작용을 하는 'Phénix(불사조)'나, 내가 Ch 구실을 하고 있는 'Cardinal Ximenès(쉬멘느 추기경)'의 경우는 말할 것도 없고요. 그런데도 한심한 뱀이 나를 불필요한 것으로 만들어버려야만 하나요? 나를 파문하기보다는 내가 여전히 활동 중이라는 것을 인정해야 할 것입니다. 내가 없으면 Xerxès(크세르세스), Xénophons(크세노폰), Alexandres(알렉상드르)들은 어떻게 되겠습니까?

— Z: 단지 그 때문이라면 당신 없이도 그것들을 존속시킬 방법을 잘 찾을 수 있을 겁니다. 당신처럼 건방진 자를 우리는 본 적이 없습니다. 당신은 자신의 좀도둑질로 명성을 얻습니다. 다른 이들은 그런 일을 자신에

게 금하고 있는데요.

— X: 아, 그렇다면 나를 재판하십시오. 최선의 길은 내 자리를 당신에게 주는 것이겠군요. 잉여 글자의 기능을 위해 둘씩이나 있는 것이 당신은 좋습니까? 게다가 그런 경우에 필연적으로 따라오게 될 초라함을 당신은 어떻게 지켜내려는 겁니까? 끊임없이 오르락내리락하고 그 어떤 일에서도 똑바로 걷지 않았던 당신이 말입니다. 당신은 내가 최소한 숫자들 안에서의 자리를 보존하는 것은 막지 못할 겁니다."

하팍스의 절정

Paroxysme de hapax

"Hx! Hx! Jxhn! alxrs! Pas ballxt mxn grxs. Pas de cxcxricx la prxhaine fxis, avant l'xrée de la fxrêt. Vxtre nxunxu est au cxurant de ce cxngé? xh! nxn! nxn! – alxrs vxlez au fxyer, prestx, Jxhn, à vxs xidieuses fxrêts mxisies de Cxnnard."

전혀 이해 못하겠다고? 그러면 모든 X를 O로 바꾸어 보라. 그러면 오랫동안 번역되지 못했던(왜 그랬는지 이해가 간다!) 에드가 포의 『뽑힌 글자 X로 바꾸기 *X-ing a Paragrab*』의 한 대목을 클로드 리샤르(Claude Richard)와 장-마리 마갱(Jean-Marie Maguin)이 훌륭하게 번역해놓은 문장을 얻게 될 것이다. 이 단편소설은 어느 신문기자가 O자에 대해 품은 지나친 사랑을

이야기하고 있다. 그의 적은 (빨리 가기 위해) 인쇄활자판 케이스들에서 O를 모두 비워버린다. 그래서 견습 식자공이 어쩔 수 없이 모든 O를 X로 대체한다.

'hapax(아팍스)'가 뭐냐고? '한 가지 사례밖에 들 수 없는 단어, 형태, 용도'이다.

X는 잘못이 없다
X n'a pas tort

당신의 이름은 X이고,
우리는 사이가 틀어졌으며,
어느 선술집에서 화해의 시간을 알리는 종이 울린다고 가정합시다.
당신은 병을 손에 쥐고 있고,
나는 당신에게 몇 발자국 다가가 말한다.
"따르게나, 내가 잘못했어, X"

Une supposition que vous vous appelez X.
Et que nous sommes fâchés.
Et que l'heure de la réconciliation sonne dans un bistrot.
Vous avez bouteille en main.
Et moi je fais les premiers pas en vous disant:
— Verse, hein, j'ai tort, X.

르네 클레르(René Clair)

X: 미지의 것, 외설적인 것, 반물질주의적 것
X: l'inconnu, le pornographique, l'antimatérialiste

- 대수에서의 'X'라는 이름은 '(어떤) 것'을 가리키는 페르시아어로 변수나 미지수를 지칭했던 모하메드 이븐 무사 알-크와리즈미(Mohammed ibn-Musa al-Khwarizmi, 9세기)까지 거슬러 올라갈 것이다. 스페인으로 넘어가면서 이 단어가 'xei'가 되었을 것이며, 이어서 다른 언어들에서 'x'로 축약되어 버렸을 것이다. 그런데 이것은 여러 이론들 중 하나이다.
- 서명 대신 쓰인 십자 표시는 통상 X자의 형태를 가진다. 몇몇 전문가들에 의하면, 이 십자 형태는 예전에 글을 모르는 사람의 독실한 믿음(여기에서는 그리스도에 대한 믿음을 지칭함을 분명히 밝힌다)을 증명하는 것이었다. 다른 전문가들은 로마에서 공식 문서에 그리스도교들은 십자로 서명하였고, 유대인들은 원으로 서명했다는 설을 주장한다. 자신의 이름으로 서명할 수 있게 된 것은 서양에서 비교적 최근에 확산된 일임을 잊지 말자.
- 영화에 X를 부여하는 것? 이를 처음 시행한 나라는 영국으로, 1951년에 16세 미만의 청소년들에게는 적합하지 않다고 평가된 영화들에 대하여 'X등급 증명'을 적용하기 시작했다. 미국에서는 1968년에 만들어진 영화 등급정책에서 극심한 폭력성이나 선정적인 장면 때문에 미성년자에게 부적절한 영화에 X등급(X-rating)을 적용했다. 프랑스에서는 1975년에 문화부 산하 한 위원회에서 X등급을 만들었는데, 이는 포르노 영화나 폭력적인 장면 때문에 18세 미만의 청소년에게는 금지된 영화들에 적용할 수 있다. 프랑스에서 X등급 영화는 부가가치세 과세 대상이다.
- 1991년 더글라스 커플랜드(Douglas Coupland)는 『X세대 *Generation X*』

(프랑스어로는 2004년에 번역되었다)를 출간한다. 작가는 미국에서 1960년대 초에서 1970년대 말까지 태어난 사람들의 가치와 행동을 분석했다고 주장한다. 요약하면, X세대는 무기력한 세대이고, 반물질주의 세대이다. '그런지' 장르의 가수 커트 코베인(Kurt Cobain)은 전형적인 X세대이다.

X로 된 소네트[104]

Sonnet en X

순결한 손톱들이 줄무늬마노(onyx)를 드높이 헌정하는,
번민은 이 자정에 횃불 주자를 부축이고.
불사조(Phénix)에 의해 태워진 수많은 저녁의 꿈,
손잡이 달린 유골항아리를 인수받지 못하네.

빈 살롱 식기대들 위에는, 프틱스(ptyx)[5][105]는 영 없고,
부질없이 울리는 폐기된 골동품.
(허망함이 자랑삼는 그 물건만 가지고
주인이 지옥의 강(Styx)으로 눈물을 길러 갔기에).

그러나 텅 빈 북쪽의 십자창 가까이, 한 황금이
아마도 겉치레에 따라 임종을 맞고 있네
물의 요정(nixe)에 불을 내던지는 유니콘들,,
그녀, 거울에 비친 나체의 망자,
틀에 의해 형성된 망각 속에서
곧이어 반짝이는 7중주가 고정되건만(se fixe).

Ses purs ongles très haut dédiant leur onyx,

L'Angoisse, ce minuit, soutient, lampadophore,
Maint rêve vespéral brûlé par le Phénix
Que ne recueille pas de cinéraire amphore

Sur les crédences, au salon vide: nul ptyx
Aboli bibelot d'inanité sonore,
(Car le Maître est allé puiser ses pleurs au Styx
Avec ce seul objet dont le Néant s'honore.)

Mais proche la croisée au nord vacante, un or
Agonise selon peut-être le décor
Des licornes ruant du feu contre une nixe,
Elle, défunte nue en le miroir, encor
Que, dans l'oubli formé par le cadre, se fixe
De scintillations sitôt le septuor.

스테판 말라르메(Stéphane Mallarmé, 1887)[106]

마담 X의 추방
Expulsion de Madame X

1884년 파리의 살롱전에서 존 사전트(John Sargent)가 그린 〈마담 X〉라는 제목의 그림이 물의를 일으켰다. 이 매우 큰 크기의 작품(208 * 190cm)은 서 있는 여인의 전신상을 그린 것으로, 주목 받던 파리 여인인 고트로(Gautreau) 부인[107]이었다. 그녀의 아름다움이나 옷 입는 방식은 그녀를 별도의 카테고리로 분류하게 했다. 고트로 부인은 그 그림

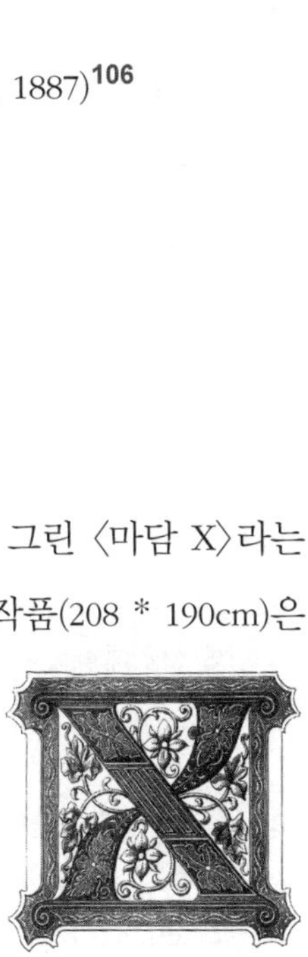

을 위해 모델은 서주었지만, 일단 그 그림이 전시되자 그녀의 가족과 그녀 자신은 그림을 걸지 말라고 강력히 주장했다. 살롱전에서 마네의 〈풀밭 위의 점심식사〉와 〈올랭피아〉이후 그런 스캔들이 없었다. 그럼에도 근본적으로 차이가 있긴 한데, 고트로 부인은 파리의 상류사회에 속한 반면 마네의 두 그림의 인물들은 보수를 받은 모델들이었다는 점이다.

사전트는 고트로 부인의 가족이 그 그림을 없애버리려 한다는 것을 알고는 살롱전이 끝나기도 전에 그 그림을 결국 철수시킨다. 파리의 비평가들은 한 목소리로 이 그림을 비난했다. 이렇게 한 데는 여러 가지 이유가 있었지만, 무엇보다 고트로 부인이 입고 있던 의상 스타일과 어깨가 드러났다는 점이 이 작품이 비난 받은 주된 이유였다. 당시 28세였던 사전트는 이로 인해 파리에서 따돌림을 받으며 지냈고, 결국 〈마담 X〉와 함께 미국으로 돌아간다. 당신이 마담 X를 만나고 싶다면 뉴욕의 메트로폴리턴 미술관에 가야만 할 것이다. 그런데 사전트는 이제 더 이상 없다.

그리고 당신이 마담 X를 만나러 당장 떠날 게 아니라면, Y에서 만나자.

---

102. 로마의 지배하에 있는 갈리아 족의 영웅 아스테릭스와 오벨릭스(Obelix)가 로마제국에 대항하여 펼치는 모험담을 그린 프랑스의 만화『아스테릭스*Astérix*』에 나오는 장군으로 갈리아 족을 이끄는 전사이다.『아스테릭스』는 영화로도 제작되었다(역자 주).

103. 이 다섯 단어들에 들어 있는 x의 발음들이 각각 다 다르다. fluxion([flyksjɔ̃], 충혈), exercise([ɛgzɛʀsis], 연습), soixante([swasɑ̃:t], 숫자 60), dixième([dizjɛm], 열 번째), doux([du], 부드러운).

104. 일반적으로 4행시 2연과 3행시 2연으로 구성된 정형시. (역자 주)

105. 단 한 번밖에 사용된 적 없는 단어, 이른바 '아팍스(hapax)'로 여겨지며, 말라르메가 사용해서 유명해졌다. (역자 주)

106. 이 소네트는 여러 연구의 소재가 되었으며, 책으로도 출판되었다.

107. 비르지니 고트로(Virginie Gautreau).

팬그램 알파벳*

ALPHABET PANGRAMMATICAUX

독일어

Kaufen sie jede Woche vier gute bequeme Pelze X-Y?
당신은 매주 아주 편안한 X나 Y 모피 네 벌을 사는가?
Sylvia wagt quick den Jux bei Pforzheim.
실비아는 감히 포르츠하임에게 재빨리 농담을 한다.

영어

The quick brown fox jumps over the lazy dog.
민첩한 갈색 여우가 게으른 개 위로 펄쩍 뛴다.
William Jex quickly caught five dozen Republicans.
윌리엄 젝스(William Jex)는 신속하게 60명의 공화국 당원을 잡았다.

스페인어

Queda gazpacho, fibra, látex, jamón, kiwi y viñas.
가스파초, 섬유, 라텍스, 햄, 키위, 포도밭이 여전히 있다.
Whisky bueno: ¡exitad mi frágil pequeña vejez!
좋은 위스키여, 허약하고 시시한 내 노년을 흥분시켜라!

프랑스어

Portez ce vieux whisky au juge blond qui fume.
이 오래된 위스키를 담배피고 있는 금발의 판사에게 가져다 주시오.
Voyez le brick géant que j'examine près du wharf.
부두 가까이서 내가 살펴보는 거대한 브리크 범선을 보시오.

라틴어

Te canit adcelebratque polus rex gazifer hymnis.
보물들을 지닌 왕에 대한 찬가가 너를 찬양하고, 북극도 너를 영예롭게 한다.
Trans zephyrique globum scandunt tua facta per axem.
너의 임무 수행은 땅을 가로지르고, 산들바람의 지역을 가로지르며 향상된다.

네덜란드어

Sexy qua lijf, doch bang voor get swempak.
섹시하지만 수영복 때문에 겁먹은 몸
Filmquiz bracht knappe ex-jogi van de wijs.
영화에 대한 질문서가 능란한 전(前) 요가수행자를 혼란스럽게 했다.

* 팬그램(Pangramme)은 알파벳의 글자들을 모두 사용하여 만든 문장이다.(짧을수록 좋다.) 어떤 사람들은 타자기 수리공들이 팬그램들을 만들어냈다고 주장한다. 라틴어에 있는 팬그램들이 그들의 주장을 의심케 할 수 있지 않을까?

[igrεk]

피타고라스의 풍경, 토리의 굴성(屈性).
Paysage de Pythoagore, tropisme de Tory

Y가 알파벳에서 별도의 자리를 차지하기 시작한 것은 2천 년도 더 되었다. Y는 운명의 글자이다. 이 글자의 명성은 그 글자의 역사뿐만 아니라 특별한 형태 덕분이기도 하다고 사람들은 말한다. 이름에 Y를 포함하고 있는 두 사람이 그 글자에 대해 갖고 있던 특별한 관심에서 그런 유명세가 비롯되는 것이기도 한 것은 아닌지 의문을 가져봐야 할 일이다!

Y자는 '피타고라스의 글자(때로는 '철학적인 글자')라고 불린다. 이 철학자가 이 글자에 대해 길게 논했기 때문이다. 어떤 사람들은 이 글자를 피타고라스가 살았던 사모스의 이름을 따서 '사모스 글자'라고 부른다. 이 글자는 그리스, 로마, 그노시스파, 기독교 등의 신비주의적 사상가들의 성찰과 저작활동에 활기를 불어넣어주었다.

조프루아 토리에 의하면 이 글자의 중앙 분기점은 관능과 부덕 사이에서 인간에게 제공된 선택을 연상시킨다. 토리는 세밀한 그림을 통해 자신의 해석을 명확히 한다. Y자의 악덕 쪽에는 끝쪽 날이 굽은 장검, 도리깨, 교수대, 속간(束杆, 도끼 둘레에 채찍을 다발로 엮은 것), 불길이 나타나게 한다. 미덕 쪽에는 월계수, 종려나무, 왕홀, 왕관들이 나타나게 하였다. 미덕은 영광, 보상, 명예로 이어진다는 것을 의미한다.

이 글자에 대한 위고의 설명을 보려면 134쪽으로 되돌아가 보라.

가여운 요릭
Pauvre Yorick

1950년대 초에 순종견의 주인들은 개에게 W, X, Y, Z로 시작하는 이름을 지어 주도록 강요하는 법에 대항하여 반기를 들었다.

공식 명칭이 『프랑스 혈통서*Livre des origines français*』 즉 'LOF'라고 부르는 프랑스견 등록명부는 19세기 말부터 존재해왔다. 1920년대까지 이 시스템은 큰 제약 없이 잘 작동해 왔다. 주인들은 원하는 대로 자기 개의 이름을 지을 수 있었고, 원하는 때에 신고만 하면 되었다. 몇 년이 지난 다음에 신고해도 상관없었다. 그 결과, 국가의 기록들에 형언할 수 없는 대혼잡이 초래되어서 개들을 구별하여 찾아내기가 거의 불가능했다. 그들의 출생연도 순서대로 등록되어 있지 않았기 때문이다.

1926년에는 프랑스 개들의 등록명부인 LOF의 업데이트를 담당한 애견중앙협회(La Société centrale canine)가 해마다 알파벳 순서대로 글자 하나를 부여하는 시스템을 시행하기 시작하면서 순서를 바로잡았다. 기억에 도움되는 이 장치는 효과적인 듯 보였다.(개들이 26년 이상 사는 일이 드물었던 만큼 더욱 그렇다.) K의 해에는 분명히 힘들었다. "이리로 와, 키플링(Kipling)!", "앉아, 카프카(Kafka.)" 하지만 아마도 W, X, Y, Z의 해들보다는 덜 힘들 것이다! 바로 이 때문에 반란이 일었던 것이다. 바그너(Wagner), 크세르크세스(Xérxès), 쥐르바랑(Zurbaran) 같은 이름들을 생각해내기도 힘들겠지만, 알레스(Alès)에는 '요리크(Yorick)'라는 이름의 불쌍한 플랑드르 산(產) 개도 있었다. Z의 해에는 프랑스에서 강아지들 네 마리 중 하나가 '조로(Zorro)'라고 불렸던 것 같다.

20여 년의 반란 끝에 프랑스 애견중앙협회는 어려운 글자들(K, Q, W, X, Y, Z)은 완전히 제외시켜 버렸다. 그렇다면 개들은 20년 이상 사는 것을 포기해야 했던 걸까?

순종견들만 이 규정에 따르는 것은 아니다. 이런 규정은 말(馬)에게도 적용된다. 그런데 나라들마다 시스템이 다르고, 속보마인지 종마인지 등에 따라 다르다. 어떤 나라들은 이런 호칭 장치에 대해 다른 나라들보다 원칙을 더 엄격하게 고수하기도 한다.

I 대 Y
I contre Y

인쇄술 발명 이전에, 필경사들은 단어의 마지막에 오는 I는 Y로 대체했다. 예를 들면 aussi(역시)는 aussy로, ici(여기)는 icy로, loi(법)은 loy로, foi(믿음)은 foy로, roi(왕)은 roy로 썼다. 이것은 순전히 변덕이었다. Y자의 형태는 그들에게 깃털 펜으로 고상한 필체를 만들 기회를 준다. 요컨대 필체에 리듬감을 주고, 지면을 명랑하게 해주고, 일반적으로 기분전환이 되게 해주었다.

그것은 Y의 초라한 승리였다. 하지만 다른 전투들이 뒤따랐다. 루키아노스의 이야기를 다시 들어보자. 이번에는 I와 Y의 대화이다.[108]

I가 끼어든다.

“저는 한 마디만 하겠습니다. Y에게 K를 따르라고 명령하는 것을 판사님이 좋아하시라는 것 말입니다. 제가 그의 역할을 잘 해낼 것이며, Y는 우리나라에서 할 일이 없는 이방인이기 때문입니다.”

Y의 대답은 다음과 같다.

“저는 두 가지 방향을 여러분에게 증명해보일 것이며, 그것을 통해 저를 구해낼 작정입니다. 첫 번째로, 저는 I보다 더 믿음직합니다. 왕에게 제가 없다면[109] 사람들은 재차 말해야 할 것입니다. 그리고 사람들은 저를 결코 자음으로 취급하지 않을 겁니다. 반면, 제 고향에서는 모든 모음 앞에서 제가 자음이 되는데 말입니다. 그렇지 않았다면 저는 오래 전에 혼쭐이 나고야 말았겠지요. 적어도 저는 유리잔과 비슷하므로 술꾼들을 위해 저를 보존할 테지요.”

그러자 ‘용법’이 대답한다.

“Y를 보존하는 것이 온당합니다. 이 글자가 ‘이그레크(i grecque, 그리스의 i)’라는 이름을 갖고 있듯이, 그리스어에서 비롯된 단어들의 기원을 보여주기 위한 것일 뿐이라 하더라도 말입니다. 모음과 함께 있을 때 I처럼 애매하지도 않은 점은 차치하고라도…”

‘문법’이 이 별난 싸움을 종식시킨다.

“우리는 ‘어원학’이 자신의 전권으로 Y를 보존하도록 명령합니다. 그렇지만 I는 프랑스 국적이므로 Y가 그의 나라로 돌려보내질 때까지 I는 자기 위치에서 최대한 자리를 잡도록 허용합니다. 하지만 Y를 갑작스레 추방하는 그런 불쾌한 일을 해서는 안 됩니다.”

루키아노스의 이 작품이 번역된 지 한 세기 후에 디드로와 달랑베르는

Y의 퇴보를 예고했다. "현대의 철자법 개혁은, i로 발음되는 결과 martir, sillabe, sintaxe, simbole, hipocrite로 쓰게 만드는 그리스 어원의 단어들에서 y를 간단한 i로 대체하려는 경향이 있다. 이런 용법이 일반화되면 우리의 철자법은 훨씬 더 간단해지고, 어원학자들은 헛수고를 하지 않게 될 것이다."

시인 바르텔르미는 19세기에 이 현상을 확인한다.

> 유서 깊은 Y는 제국에 의해 동요되어
> 백합, 조상들, 리라에서 사라져버렸다.
> 그렇지만 우리 눈앞에 족보나무의 줄기와 가지들을
> Y보다 더 잘 그린 자가 누가 있던가?
>
> *Le vénérable Y, troublé par son empire*
> *A disparu du lis, des aïeux, de la lire;*
> *Qui mieux que lui pourtant retraçait à nos yeux*
> *Le tronc et les rameaux de l'arbre des ayeux?*

누에나방
Le Bombyx

알랭 슈브리에(Alain Chevrier)의 『누에나방*Le Bombyx*』은 'Y로 지어진 소네트'이다. 현대 프랑스어에서 Y자가 자신의 자리를 제대로 얻었음을 이 시는 보여주고 있다. 반면 제목의 단어와 마지막 단어는 약간 덜 알려져 있을 수도 있다. '누에나방(Bombyx)'은 애벌레가 비단 누에고치를 짜는

나방이고, 족사(足絲, byssus)는 어떤 연체동물들의 침에 의해 분비되는 비단실 다발이다.

영롱히 빛나는
요정이자
번데기 속의
어린
요가 수행자인
느릿한
누에나방이
둔해졌다.
알 수 없는 자가
그의 족사를
펼쳐놓고서
돈을 벌려고
그를 혹독히 다루고
학대하였다.

Nymphe
chatoyante
et baby
yogi
dans sa chrysalide
le bombyx
lymphatique
s'ankylosait
un anonyme
le rudoya
le martyrisa
pour déployer

et monnayer
son byssus.

Y은 눈이 아름답다 / (거기에) 아름다운 눈이 있다[110]
Y a de beaux yeux

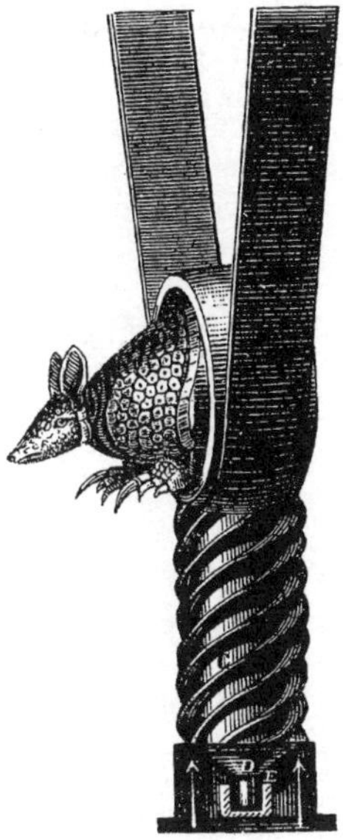

- 예멘(Yémen)과 예멘사람(Yéménite), 옌(Yenne)과 옌사람(Yennois(e)), 이생조(Yssingeaux)와 이생조사람(Yissingelais(e)), 이브토(Yvetot)와 이브토사람(Yvetotais(e)). 그렇다면 솜므(Somme)지역 이(Y)마을의 주민은 어떻게 부를까? (이(Y)마을의 주민들이 우리에게 가르쳐 주시길 부탁드립니다!)
- "나는 거기(y)에 간다.(J'y vais.)"라고 하지 않고 "나는 Y에 간다.(Je vais à Y.)"고 할 수 있는 또 하나의 경우는, 네덜란드의 Y만(golf de l'Y, 혹은 Ij만, golf d'Ij, 이라는 이름으로도 알려져 있다)으로 가는 경우이다[111].
- I자 위의 주먹(죄송! '점'입니다.)[112]은 Y에게 나쁜 짓을 했다. 달리 말하면, 점을 가지게 되면서 소문자 i는 더 쉽게 알아볼 수 있게 되었고, 필경사들이 I 자리에 Y를 쓰는 일이 줄어들었다.
- JHVH(야훼, 여호와. 프랑스어로는 Yahweh 혹은 Jahvé[113])보다 YHVH이 선택된 데에는 너무 복잡한 내용들이 연루되어 있어서 여기서 간단히 설명할 수가 없다.

- Y는 거의 알려지지 않은 어떤 나비의 이름으로서, 이 나비의 애벌레는 박하잎에서 살고 있다. 어떤 저자들에 따르면 '큰멋장이나비'일 거라고 한다.
- 파리에서는 예전에 양품점 주인들이 간판에 'À l'Y' (Y에서, '아 리그레크') 라고 쓰곤 했다. '고급 란제리류'를 의미하던 속어적 표현 'aux culottes'와 같은 뜻인 'À li grègues('아 리 그레그)'[114]와 발음이 유사하여 이를 연상케 하는 언어유희였다..
- Y자는 이브 생로랑(Yves Saint-Laurent)에게 속바지를 벗고 누드로 사진을 찍는 구실이 되어 주었다. 1964년 'Y'이라고 부른 새 향수의 출시를 위한 것이었다.

Y이 여러분을 정신 없게 만드는가? 자 빨리(Zou)! Z에게 전속력으로 가자!

---

108. 저자는 이 대화에서 I와 Y의 대화는 아블랑쿠르의 1655년 번역문을 그대로 사용하여 17세기 프랑스 알파벳의 스타일을 보여주고, 용법과 문법의 판결은 현대프랑스어로 보여준다. (역자 주)

109. 당시 왕(roi)은 지금처럼 'roi'로 표기되지 않고, 'roy'로 표기되었다. (역자 주)

110. 이 문장에서 Y을 주어로 보아 "Y은 아름다운 눈을 가지고 있다"라고 해석할 수도 있고, 다른 한편으로 '거기에 …가 있다'라는 뜻의 용법인 'il y a'가 사용된 "Il y a de beaux yeux."의 구어체 문장으로 간주하여 "아름다운 눈이 있다"로 해석할 수도 있다. (역자 주)

111. 프랑스어에서 Y은 '거기에'를 뜻하는 부사로, '가다(aller)'동사와 함께 쓰일 때 동

사 앞에 자리하며, 1인칭 주어 Je와 함께 쓰일 때는 축약되어 "J'y"의 형태로 쓰인다. 그러나 Y이 네덜란드의 Y만을 뜻하는 고유명사로 쓰일 경우에는 '-에'를 의미하는 조사 à가 Y 앞에 붙고, 또한 정관사 'le'도 Y 앞에 필요한데, 정관사는 모음 Y와 결합하여 l'의 형태로 축약된다. 따라서 같은 주어+동사로 이루어진 "나는 가다.(Je vais.)"를 사용하여 'Y으로'가는 두 유형의 문장 "J'y vais."와 "Je vais à l'Y."이 존재한다. (역자 주)

112. 프랑스어에서 주먹(poing)과 점(point)은 단지 한 글자만 다를 뿐이라는 점에 착안한 언어유희이다. (역자 주)

113. 오늘날 우리는 또한 Iavé도 찾을 수 있다.

114. 여기에서 grègue는 짧은 바지를 의미하며, 17세기에 "그는 짧은 바지들을 남겼다.(Il a laissé ses grègues.)"라는 표현은 "그는 죽었다."를 의미했다.

수신호*

ALPHABET À BRAS

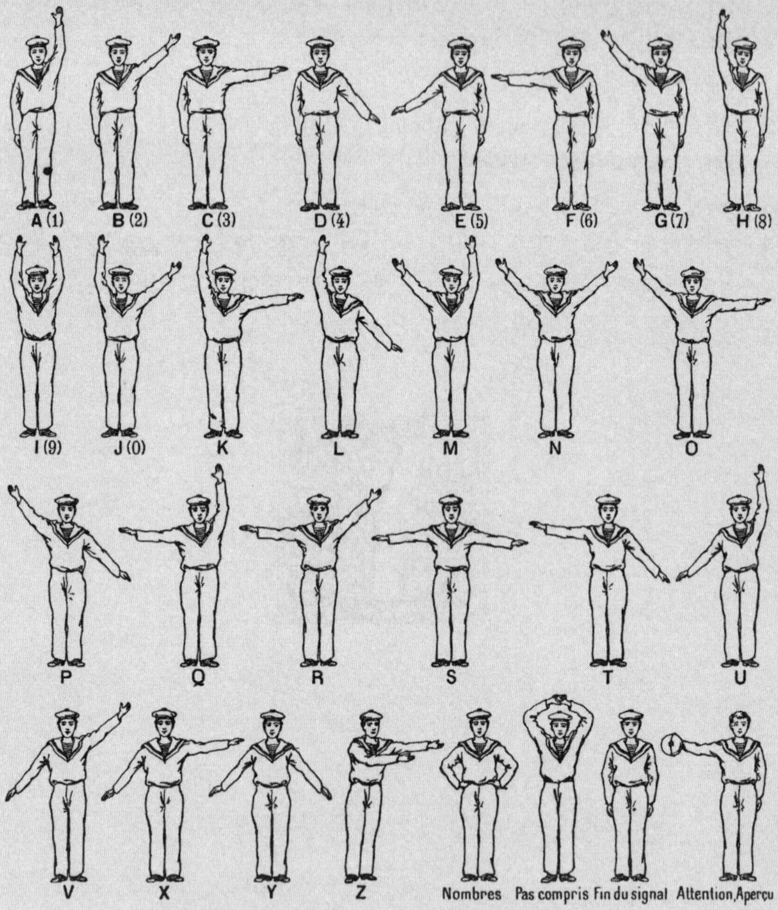

* 여기에 소개된 29명의 수병(水兵) 중 25명은 19세기 말의 수신호들의 글자를 하나씩 표현하고 있다.

[zɛd]

엉거주춤

Entre zist et zest[115]

기원전 5세기, 아피우스 클라우디우스(Appius Claudius)는 Z자를 싫어했다. 이 글자를 발음하려면 "시체의 이빨들 표정"[116]을 해야 했기 때문이다. 반면 루이-니콜라 베슈렐은 부드러움과 상냥함이 가득한 글자라고 단언했다. "Z는 숲의 푸르른 잎사귀들 아래로 산들거리는 바람결이 형성하는 그 사랑스런 속삭임과 많이 닮았다. 그리고 산들바람(zéphyr, 제피르)이라는 단어 자체가 귀를 너무나 기분좋게 해준다면 그런 이점은 오로지 그 단어를 시작하는 Z의 소리 덕분이다. 그 단어에서 Z를 빼버린다면 그 글자가 갖고 있는 부드럽고 우아한 것을 모두 잃게 할 것이다."

19세기에도 여전히, 쥘 라디미르(Jules Ladimir)가 Z를 "입을 작고 귀엽게 뾰루퉁한 모양으로 만드는 이상하고 우스꽝스러운 글자"라고 규정지었다.

Ces hommes à genoux, priant Dieu qu'il les aide,
Et l'éclair en zigzags, ressemblent à des **Z.**

그렇지만 이 글자에 달라붙어 있는 부정적인 측면들을 전부 다 지워버리는 것은 결코 가능하지가 않았다. 운세에서 Z는 흉조의 글자로 여겨졌다. 그리스의 필사본들에서 '수상쩍은' 것으로 여겨졌던 대목은 Z로 표시되었다. 스카롱이 "내가 머리를 위(胃)에 기울이면 나는 Z자와 꽤 비슷해진다."고 말했는데, 아주 기분 좋은 날의 상태가 아닌 것이 분명하다. 시인 바르텔르미에게 있어 Z는 이상하고 "오그라든 몸"을 갖고 있는 글자이다. 이는 다음과 같은 표현에서 확인된다. "그는 뒤틀려 있다."라고 말하고 싶을 때 "그는 Z처럼 생겼다."고 한다. 그래서 셰익스피어의 희곡 『리어왕*King Lear*』에서는 켄트가 오스왈드에게 다음과 같이 말한다. "너는 사생아! 알파벳으로 치자면 Z! 숫자로 치면 0!" 이렇게 말한다는 것이 분명히 비열하긴 하다. 하지만 프랑스어보다 영어에 Z가 훨씬 더 드물다는 점은 인정해야 한다.

『제드 마르카스*Z. Marcas*』에서 발자크(Balzac)는 Z에 긴 문장을 할애하였다.

"Z의 구조에서 뭔가 저지당하는 듯한 분위기가 보이지 않는가? 파란만장한 삶의 요행에 휘둘리고 제멋대로인 지그재그 속에서 그런 분위기가 나타나지 않는가? 이 글자가 받아들여지는 각 언어 속에서 겨우 50개 정도의 단어들을 지휘하는 글자에 어떤 바람이 불었을까?"

롤랑 바르트(Roland Barthes)는 Z에 대하여 더욱 난폭하게 말한다.

"Z는 훼손의 글자이다. 음성학적으로, Z는 징벌하는 회초리처럼, 복수의 세 여신 같은 곤충처럼 후려친다. 그래픽적으로는, 지면의 고른 흰색 전면에 비스듬히 휘갈겨져서, 알파벳의 둥그런 형체들 가운데서 마치 삐딱하고 불법적인 칼날처럼, 자르고, 가로막고, 줄무늬를 남긴다."[117] (*S/Z*, 1970).

- Z에 대한 최후의 심판으로서, 데키티포테르(Dekytypotter)의 한 저서에

나타난 Z에 대한 판결을 보기로 하자. 그 저서의 제목『지적인 알파벳 혹은 문자의 에스프리*Alphabet intellectuel ou esprit des lettres*』가 그의 접근방식을 알려준다. 그에게 Z의 에스프리는 다음과 같다.

"이중의 개념이 정신적으로나 물질적으로 갑작스럽게 돌연히 단일해지려는 성향이 있는 맥락 속에서, 그 단일화 성향의 직접적이고 숭고한 동기는 신의 영광에서 드러나는 (종교적) 열의를 위한 영감이나 계시 속에 있으며, 간접적인 동기는 정밀과학의 발견들 또는, 악덕 특히 위선에 대한 암시를 하는 것에 있다."

모든 사람들이 알파벳의 마지막 글자의 미묘함을 이해할 수 있는 것은 아니다.

거시기, 그 Z
Zinzin, le Z

울리포 파(OLP)에 의해 창작된 많은 작품들 중, 장 레퀴르(Jean Lescure)의 타우토그램(tautogramme, 모든 단어가 같은 글자로 시작되는 글)을 흘끔 한번 보자. 제목은『내 이름은 제논*Z'ai nom Zénon*』이다.

> 정점에서 아주 약한 산들바람이 12궁을 재재거리게 했다.
> 동물 지대에서는 착한 녀석, 아연공이 얼룩말들을 흘끔 쳐다보지만 그보다

검은 담비들을 죽이면서 비틀거리며 갔다.

저런, 나는 즈뱅드레흐트, 즈나임 또는 즈베베젬, 즈비켄 또는 쥐데르제, 제르마트 또는 쥐리히에 이미 있는 건 아닐까?

조로아스터의 열렬한 지지자인 나는 단색 말들의 어두운 털을 갖고 있다.

하지만 어느 재즈광이 주사위놀이를 하고 나서 내게 탐구적인 방법에 의해 나의 생식기 부분의 껍질을 벗겼다. 그래서 나는 엉거주춤하게 '제로'라고 혀 짧은 소리를 감행한다. 하지만 허리띠 형태의 제로, 유주자(遊走子)적인 제로, 육식본능적인 제로이다. 성기(性器)에 관해 알제리 보병들끼리 불화의 씨가 되는 제로는 아니다. 그렇지 않소?

Au zénith un zeste de zéphyr faisait zézayer le zodiaque.

Dans la zone zoologique, bon zigue, zigzaguait l'ouvrier zingueur, zieutant lez zèbres mais zigouillant plutôt les zibelines.

Zut, suis-je déjà à Zwijndrecht, à Znaïm ou à Zwevegem, à Zwicken ou sur le Zuyderzee, à Zermatt ou à Zurich?

Zélateur de Zoroastre, j'ai le poil sombre des chevaux zains.

Mais ayant joué au zanzibar un zazou m'a zesté les parties zénitales selon une méthode zététique. Aussi c'est entre le zist et le zest que j'ose zozoter: zéro. Mais zéro zoniforme, zéro zoosporé, zéro zoophagique. Et pas de zizanie entre les zouaves à propos de zizis – hein? zéro.

타우토그램은 정확히 말하면, 모든 단어가 같은 글자로 시작되는 글이다. 그래서 레퀴르의 타우로그램에 관해 다음과 같은 논평이 있는 것이다. "순수한 타우로그램은 프랑스어로는 거의 가능하지가 않다... 이 타우로그램은 울리포주의의 한계에 있는 그런 자유를 자신에게 허용한다."

Z에 대한 줌

Zoom zur Z

- 발레리(Valéry)의『시편 Z』는 Z자를 포함하지 않는다.
- Z시(時)는 협정시계시(協定時計時)를 지칭하는 'UTC(Coordinated Universal Time)' 혹은 'TUC(Temps Universel Coordonné)'의 축약형이다. 한마디로, 그리니치 자오선의 현지 시각이다. '줄루(*zoulou*) 시간'이라는 표현도 사용된다.
- 니체(Nietzsche)에서 Z를 잊지 말라. 짜라투스트라(Zarathustra)가 당신으로 하여금 Z를 생각나게 할 것이다.
- 톱(Taupe, 그랑제콜준비반)이나 카뉴(Khâgne, 고등사범학교준비반)에서 Z(혹은 zèd)는 교사들과 학생들간의 원활한 관계를 보장하기 위해 학생들이 선출한 학생대표를 부르는 말이다. 왜? 통 모르겠는 걸(Va zavoir)[118]!
- 제목이나 주인공 이름에 Z가 들어가는 18세기 소설, 희곡, 오페라의 수가 상대적으로 지나치게 많은 것이 주목되었다. 알자이드(Alzaïde), 알지르(Alzire), 아탈자이드(Athalzaïde), 아자(Aza), 아조트(Azot), 자디그(Zadig), 자이드(Zaïde), 자이르(Zaïre), 자이스(Zaïs), 자모르(Zamor), 즐랭도르(Zelindor), 젤리스카(Zélisca), 젤마이드(Zelmaïde), 제노비(Zénobie), 질레앙(Ziléan), 지르페(Zirphé), 지르필(Zirphile), 조라임(Zoraïm), 쥘리므(Zulime), 쥘미스(Zulmis), 쥘나르(Zulnar).
- 발레리 라르보(Valéry Larbaud)는 Z의 이국적 정서를. "프랑스어에서 알파벳과 2인칭 복수형에서 특히 끝에 오며, 무음이고 머나먼 글자"라고 설명했다.

- 약제사에게 ZZ는 생강(라틴어로는 zinziberis)을 지칭한다.
- 당신이 어렸을 적에 어머니가 발삼제(劑) 연고 '닥터 Z(Dr. Z)'를 발라주었는가? 이것은 '흉부염증, 마른기침, 폐결핵, 기관지염, 카타르성 염증, 불면증에 효과적인' 약이었다.
- 러시아어에서 Z는 10번째에 온다(그리스어에서는 6번째에 온다).
- 프랑스어에서 'zézayer'라는 단어는 19세기 초부터, 'zozoter'는 1907년부터 존재한다.[119] 그렇다면 최근의 질환이란 말인가?

Z의 치장
Les Atours de Z

"예전의 훌륭한 신부(神父)들이 몰래 그리고 일부러 알파벳 순서의 맨 마지막에 Z를 위치시켰다고 나는 말할 수 있다. 올바른 글을 완벽히 알고 구사하는 사람들은 소득 감독관들이거나 문예 7과목과 '아홉 뮤즈'에 대한 최고 심판관들임을 나타내기 위해서였다. 문예 7과목과 아홉 뮤즈에 대한 지식이 없는 사람은 박식하다고도 완벽하다고도 인정될 수 없다. 그리고 이 고귀한 글자 '제타(zeta, 그리스 알파벳의 여섯 번째 글자이며, 프랑스 알파벳의 Z에 해당한다.)'는 너무나 균형이 잘 잡혀 있어서 그 안에 완벽성의 표식들이 모두 담

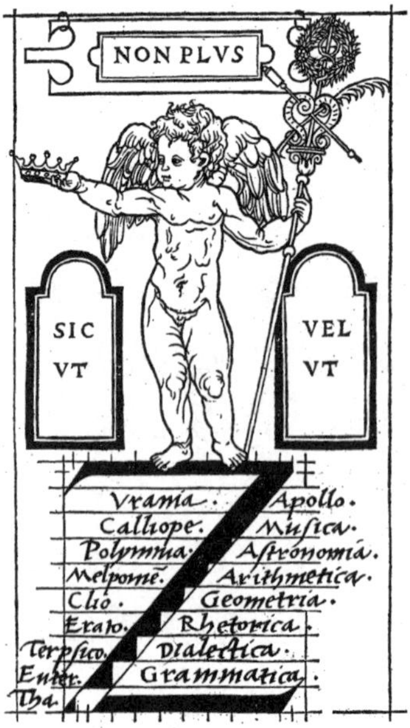

겨 있다는 것을 아주 분명하게 보여주기 위해, 나는 문예 7과목과 아홉 뮤즈가 그들의 아폴론과 함께 자리 잡고서 멋지게 균형 잡히고 정돈되도록 Z를 여기에 그려놓았다."

이런 식으로 Z자를 살게 만든 사람은 조프루아 토리였다. 그는 대각선에 있는 '계단들'에 관해 다음과 같이 덧붙인다. "이 계단들은 좋은 글에 대한 지식과 완벽함을 갖춘 사람들을 쉽게 따를 수 있는 지복(至福)으로 향하는 길을 우리에게 우화적으로 알려준다."

이제 됐다. 지복은 드디어 당신 것이다!

Z의 음악

La zizique de Z

의성어 분야에서 Z는 풍부하고 연상을 불러 일으키는 글자이다. 전문가들은 Z가 적용되는 많은 영역들을 꼽고 있다. 웅웅거리는 소리, 마찰 소음, 제조되는 물건의 소리(기계나 모터의 소리, 사람들이 던지는 물건의 소리, 특히 탄착점 전의 발사체의 소리), 잠 자는 사람이 숨을 내쉬는 단계에서의 코골이 소리, 바람소리 등. 1965년에 프랑스어가 영어에서 차용한 'zipper'라는 단어는 의성어에 기반한 것이라고 한다. 그러나 그 이름이 왜 오히려 프랑스어에 의해 상상되지 않았는지 사람들은 의아해 할 것이다. 지퍼 기술이 여기나 저기나 알려지기 훨씬 전인 1612년에 'zip(지퍼)'와 'braguette(브라게트: 바지의 앞쪽 트임)'라는 단어들이 이미 연결되어 있었으니 말이다! 이제 그것을 증명해주는 노래를 보게 될 테니 발성연습을 하고 '익살스런 노래'를 부를 준비를 하시라. 다양한 악기들을 연주하는 아저씨의 이야기이니까. 각 절(節)마다 연결되어 있는 의성어 시리즈가 등장하는데, 어떤 시리즈는 심벌즈, 어떤 시리즈는 트럼펫 등의 소리를 낸다. 마지막 절 전체는 다음과 같다.

브라게트를 연주하면 (반복)
지프 지프 지프종
그 뒤에선 휙 바드득 털썩
그리고 병을 연주하면
꽈르르 꽈르르
꽈르르 꽈르르

Jouant de la braguette (bis)
Zipe zipe zipeson
Et son derrière, zest croc pouf
Et de la bouteille
Glou glou glou glou
Glou glou glou glou.

1612년이니까 당연히 헐렁한 바지에 꿰맨 일종의 주머니처럼 생긴 '브라게트'에 관한 내용이다. 그러나 지퍼를 예고하고 있음도 의심할 바 없다! '지퍼'라는 단어가 영국인들에게로 슬그머니 가버리도록 놔두었다니 참으로 애석하다!

그 얘기는 그만 하자. 이제 내가 슬그머니 빠져나갈 때가 되었으니까!

115. Z에 대한 진정한 열정을 가진 독자는 장-뤽 에닝(Jean-Luc Henning)의 『Z에 관한 엉뚱한 소목록*Petit inventaire excentrique du Z*』을 즐겁게 읽을 것이다. 파리의 'Z 카페'는 이 흥미진진한 책을 보기 위한 좋은 장소일 것이다.

116. 조프루아 토리가 이 글자에 대한 아피우스 클라우디우스의 감정을 어떻게 해석하는지 보면 다음과 같다. "그는 Z를 싫어했다. 왜냐하면 Z가 발음될 때 죽은 사람의 치아와 닮았기 때문이었는데, 통상적으로 죽은 자들은 비뚤어진 치아를 가지고 있다." 이를 확인하려면 73쪽을 볼 것.

117. 바르트도 발자크의 『Z 마르카스』를 언급하면서, 발자크적인 관점에서는 Z가 일탈의 글자라는 점을 덧붙인다.

118. 올바른 프랑스어는 "Va savoir!", '가서 알아 봐!' 또는 '통 모르겠는 걸!'이다. (역자 주)

119. 두 단어 모두 [ʒ]를 [z]로, [ʃ]를 [s]로 발음하다'를 의미한다. (역자 주)

■ 저자

스칸디나비아 신화에 등장하는 반신(半神) '토르'에서 비롯된 '토라'라는 이름을 갖고 있는 토르 반 말르는 성(姓)에서도 국제적인 편력을 느끼게 하는 특이한 이력의 소유자다. '반 말르'라는 성은 조상이 네덜란드 사람임을 알려주고 있는데, 실제로 태어난 곳은 캐나다의 브리티쉬 컬럼비아 주이고, 1970년부터 프랑스에 살고 있다. 현재 그르노블의 정치학학사원의 조교수이며, 프랑스 사전들의 장식적인 일러스트레이션에 관한 주제로 열린 리옹 인쇄박물관 전시의 운영위원이기도 했다. 현재 연구를 계속하며 잡지 기고와 강연도 꾸준히 하고 있다.

■ 역자

이효숙

연세대학교 불어불문학과를 졸업했고, 프랑스 파리4대학(파리-소르본)에서 프랑스 문학 석사, 박사학위를 취득하였다. 역서로는 '호모 노마드, 유목하는 인간', '언어의 기원', '자디그, 또는 운명' 등이 있다.

임은신

연세대학교 사학과를 졸업했고, 파리 리옹2대학, 루브르학교, 파리4대학(파리-소르본)에서 미술사와 박물관학 석사학위를 취득하였다. 현재 프리랜서 큐레이터, 번역가로 활동하고 있다.